被看见

新任管理者的第一课

丁晨琦◎著

中国铁道出版社有限公司
CHINA RAILWAY PUBLISHING HOUSE CO., LTD.

图书在版编目(CIP)数据

被看见:新任管理者的第一课/丁晨琦著.—北京:
中国铁道出版社有限公司,2024.3
ISBN 978-7-113-30679-3

Ⅰ.①被… Ⅱ.①丁… Ⅲ.①管理学 Ⅳ.①C93

中国国家版本馆 CIP 数据核字(2023)第 212342 号

书　　名:被看见:新任管理者的第一课
　　　　　BEI KANJIAN:XINREN GUANLIZHE DE DI-YI KE
作　　者:丁晨琦

责任编辑:巨　凤　　　编辑部电话:(010)83545974
编辑助理:刘朱千吉
封面设计:仙　境
责任校对:刘　畅
责任印制:赵星辰

出版发行:中国铁道出版社有限公司(100054,北京市西城区右安门西街 8 号)
印　　刷:三河市宏盛印务有限公司
版　　次:2024 年 3 月第 1 版　2024 年 3 月第 1 次印刷
开　　本:880 mm×1 230 mm 1/32　印张:5.625　字数:200 千
书　　号:ISBN 978-7-113-30679-3
定　　价:69.00 元

版权所有　侵权必究

凡购买铁道版图书,如有印制质量问题,请与本社读者服务部联系调换。电话:(010)51873174
打击盗版举报电话:(010)63549461

前　言

你好,管理者!在这本书的开始,请允许我从一则真实经历切入。

"如果我们能早些沟通,结果可能完全不一样。"

这是一个淫雨霏霏的周三清晨,我的领导对我说的话。

那时,我出任大运营部经理已经六个月,第一、二个项目都搞砸了,亏了不少钱,第三个项目是服务某大型国企,年度全民营销矩阵项目运营。这个项目非常重要,如果能签下来,到年底的营收就稳了。

这是我们第一次坐下来耐心地谈话,他说他的顾虑和看法,我说我的建议和设想。到最后,我们确定了几个实现目标的关键策略。离开办公室时,我很惊讶,我们居然头一次达成了共识。

达成共识,看起来是很正常的事情,我却足足花了六个月才实现。而发生转变的原因,居然是因为几天前,我偶然被带去客户方提案,领导发现我的逻辑性很强,才给我沟通的机会。

那一刻,我突然产生了一个神奇的想法:原来直到现在,我才<u>真正被公司"看见"啊</u>。

被看见：新任管理者的第一课

是管理者，是中流砥柱，却没有很好地"被看见"，这听起来匪夷所思，却是无数管理者面临的真实现状。因为每次当管理者试图反馈问题时，总会得到这样的回答：

"公司给你钱，不就是让你来解决问题的？"

"你也知道最近业务多忙，你先自己处理一下。"

"资源是有限的，不可能分配到所有人，肯定优先给重要的项目。"

但如果，一个问题从一开始，就没有很好"被看见"的话，它就不可能真正得到解决：

● 人员流失没有被看见，所以到了关键节点，项目无法交付，客户要求退款；

● 内部推动困难没被看见，所以临近汇报，才发现数据惨淡，根本无法续约；

● KPI 不明确没被看见，所以到了验收阶段，双方无限扯皮，耗尽时间和精力……

正是因为这个原因，我创作了这本书，希望帮助新任管理者学到第一课：更好地被公司看见。看见你们的实力、你们的付出、你们的困难、你们的价值。

本书特色

本书最大的特色是内容聚焦、案例翔实。笔者结合六年管理经验，聚焦管理者如何"被看见"这件事，为管理者提供以下几个问

2

题的解决建议:

●如何在入职之初最关键的80天,让公司看见管理者的价值?

●项目执行期间,如何让组织看见真实存在的问题,并协调资源解决?

●如何让团队伙伴(下属、平级、跨部门)看见与管理者合作的价值,并配合管理者完成工作?

●在做好以上几件事的基础上,如何让公司看见管理者更大的影响力,建立更深层的信任?

每节内容后,有部分思考题附赠视频讲解过程,即扫即看,希望可以给到大家不一样的思路。

除此之外,本书在前言后还提供了一个80天"看见计划"样本,帮助管理者在新上任的80天内快速让公司看见自己的价值。管理者可以对照着任务清单,检查哪些还没有完成,跟着本书一起成长。

读者对象及收获

本书主要针对以下三类人群:新任管理者、中层领导和企业负责人、想当领导的职场新人。

对于新任管理者,这本书能帮助你快速进入管理者的角色,里面有丰富的实战案例,很多都是我的亲身经历。每一章,我都为你提炼了方法,方便你记忆。此外,我也对自己在不同公司做管理的朋友进行了访谈,总结了他们管理上的痛点和解决思路。

# 被看见：新任管理者的第一课

　　对于中层领导和企业负责人，我也推荐看看。虽然你们管理经验丰富，但由于不能长期投身一线，很多简单但重要的问题，往往被忽视。这本书，也许能帮你找到一些关键答案。

　　对于刚入职场的新人，那些想当领导、怕当领导，或不知道怎么当好领导的人，这本书能帮助你理解管理的底层逻辑，让你更有信心，未来成为一位靠谱的管理者。

致谢

　　首先，我要感谢我进入职场后遇到的每一位领导，是你们不厌其烦的教导，让我从一个内向的小女孩，蜕变成一名自信的管理者。你们用行动的力量告诉我：管理者并不是一门高深的技术，而是用心就能掌握的艺术。

　　我还要感谢我的妈妈，她一直鼓励我不要放弃写作的梦想，因此我才能克服写作的辛劳，与大家分享我的经验。

　　此外，我还要感谢这本书的编辑，她牺牲了许多休息的时间，与我探讨如何将经验更系统化地呈现给读者，让这本书更易懂，更生动。

　　最后，由衷希望每位管理者，都能很好地"被看见"。因为被看见，才有机会做正确的事。

丁晨琦
2023 年 11 月

任务清单:80天"看见计划"样本

下面,是我为管理者准备的一份80天"看见计划"样本,它能帮助管理者在新上任的80天内快速让公司看见自己的价值。这个计划分为三个阶段,分别是生存期、发力期和建设期。管理者可以对照清单,每完成一项任务,就在对应的方框里打钩。

80天"看见计划"样本

时间段	核心目标	操作重点	关键任务	是否完成
第1~20天 生存期	定	让价值被看见	入职谈话	☐
			述职演讲	☐
			焦点选择	☐
			责任分配	☐
	立	让影响力被看见	第一次扛责	☐
			第一次立规	☐
			第一次沉淀	☐
			第一次分享	☐
第21~60天 发力期	拿	让合作被看见	第一次目标确认	☐
			第一次样本交付	☐
			第一次关键汇报	☐
			第一次困难会谈	☐
	用	让机会被看见	营销资源	☐
			职业会谈	☐
			提供压力	☐
			提高要求	☐
	拉	让困难被看见	提出需求	☐
			明确困难	☐
			价值互换	☐
			分享战绩	☐

续上表

时 间 段	核心目标	操作重点	关键任务	是否完成
第61~80天 建设期	管	让商业目标被看见	用目标管人	☐
			用策略管人	☐
			用指标管人	☐
			用流程管人	☐

生存期是管理者到岗后最初的20天,在这段时期,管理者最重要的任务就是把自己定位到有价值的工作,并初步树立自己的影响力。因为只有公司清楚管理者的价值,看见管理者的影响力,才能真正将权力交到管理者手中。

第21~60天是发力期,管理者主要需做好三件事:要到合适资源、用好核心成员,以及拉近与合作部门的关系。通过资源和团队的加持,管理者才能真正把权力合理使用。

第61~80天是建设期,管理者开始建设并管理团队,主要是通过商业的实际演练,帮助团队成员真正理解岗位的价值。这样管理者的领导力就能在实战演练中充分发挥。

通过这80天的"看见计划",管理者可以完成在公司的初步布局,即:真正作为一个有影响力的个体,为业务和团队带来改变,避免因为定位不清、沟通不畅造成的管理障碍。

这80天的计划只是一个样本,帮助管理者在初期快速厘清头绪。其中建议的关键任务,具有较强的参考价值,本书也会围绕这些关键任务展开,管理者可以对照上表逐步成长。

目　录

第 1 章　定：把自己定位到更有价值的工作 …………… 1

许多管理者真正的问题，是没有被公司"看见"。想让上级、客户、团队看见管理者的价值，先要把自己定位到有价值的工作。

 1.1 入职谈话：把价值亮出来 ……………………… 2
 1.2 述职演讲：让机会被看见 ……………………… 10
 1.3 选对焦点：让实力被看见 ……………………… 16
 1.4 责任分配：明确责任界限 ……………………… 23

第 2 章　立：逐步树立自己的影响力 ………………… 29

接任新团队，最重要的不是快速做出业绩、证明自己，因为如果只是单打独斗，公司很难确信管理者是位合格的领导。管理者更应做的，是让公司看见自己的影响力。

 2.1 第一次扛责：让安全感被看见 ………………… 29
 2.2 第一次立规：让原则被看见 …………………… 36
 2.3 第一次沉淀：让经验被看见 …………………… 44
 2.4 第一次分享：让影响被看见 …………………… 49

第 3 章　要：向上级争取更多资源 …………………… 57

也许管理者的上级很强势，也许他总是很忙。但只要管理者还在公司一天，他的责任就是让公司看见：怎么相互合作，才能让产出的价值最大化。

1

3.1　第一次目标确认：明确共同方向 ·············· 57
　　3.2　第一次样本交付：让标准可视化 ·············· 65
　　3.3　第一场关键汇报：让进展被看见 ·············· 72
　　3.4　第一次困难会谈：让问题被看见 ·············· 79

第4章　用：让能力强的人为自己干活 ·············· 87

能力强的人，大多拥有清晰的人生目标。管理者要做的就是让他看见：在这个公司工作，能为他的人生目标带来什么，成就什么。

　　4.1　主动营销资源：让机会被知晓 ·············· 87
　　4.2　个人职业会谈：让珍视被感知 ·············· 94
　　4.3　置身真实压力：让动力具象化 ·············· 101
　　4.4　提出更高要求：让重视被体验 ·············· 109

第5章　拉：拉近与合作部门的距离 ·············· 116

合作部门的同事，之所以愿意帮助管理者，是因为他们是真正在意这件事的人。他们在意它能不能被做起来，怎样做更好。而管理者要做的，就是让他们看见真正的问题。

　　5.1　清晰提出需求：让团队看见价值 ·············· 117
　　5.2　明确可能困难：让组织看见问题 ·············· 123
　　5.3　提供价值互换：让伙伴看见关联 ·············· 130
　　5.4　及时分享战绩：让公司看见成效 ·············· 137

第6章　管：管理一支实干型队伍 ·············· 143

团队成员之所以总是推诿责任，是因为他们不具备真正的商业思维，看不到自己在整个商业链条中扮演的角色。而管理者要做的，就是让他们看见，客户真实的需求和挑战。

目录

6.1　用目标管人:让商业目的被看见 …………………… 143
6.2　用策略管人:让客户痛点被看见 …………………… 151
6.3　用指标管人:让个体责任被看见 …………………… 157
6.4　用流程管人:让公司需求被看见 …………………… 163

第1章

定：把自己定位到更有价值的工作

在这一章,我们来聊聊新任管理者需要学习的第一项技能:定,即将自己定位到对公司更有价值的工作中去。

管理者通常会面临四种场景:入职谈话、述职演讲、焦点选择和责任分配。

这四种场景对管理者的意义不同:在入职谈话中,把价值明确说出来,让公司知晓;在述职演讲中,和公司进一步探讨价值,创造更多机会;在焦点选择时,合理传递价值,帮助团队发展;在责任分配时,清晰区分价值,提高组织效率。

通过这四种场景,管理者可以把自己定位到对公司发展更有价值的工作中来。

下面,请跟随我进入这一章的第一个板块:入职谈话。

被看见：新任管理者的第一课

1.1 入职谈话：把价值亮出来

入职第一天，新任管理者第一次走进上级管理者（以下简称上级）的办公室。

"现在，我们聊一下对你这个岗位的期许，以及现阶段的主要目标。"上级说。

上级开始滔滔不绝，而新任管理者则认真记录笔记。最后，上级拍拍新任管理者的肩膀说："好好干，接下来就看你的了。"

这是绝大部分新任管理者入职第一天的真实写照。按照剧本，他们接下来会在岗位上大施拳脚，做出一些关键成绩，然后升职加薪。

问题是，故事并没有按剧本走下去。三到六个月后，他们再一次走进上级的办公室，并与上级发生了下图中的对话。

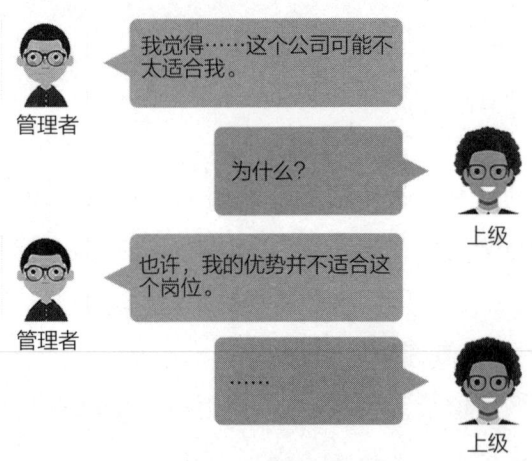

管理者与上级的对话

2

这很有趣,因为大部分人进公司时,其实都是相信自己是适合这个岗位的。究竟是什么让他们改变了判断?

原因可能有很多,但最重要的是:他们觉得心里受了委屈:"为什么付出了这么多,我的价值却没有被看见呢?"

1. 价值需要说出来

<u>把价值说出来</u>,直接亮出来,是一件非常重要的事,却往往被很多管理者忽视。

他们愿意承担责任,也会带团队,但有一件事他们却很少做,就是告诉他们的上级:<u>自己做哪些工作,才能真正为公司创造价值。</u>

比如有一位运营经理,曾供职于某大型餐饮公司,过往有很出色的业绩。后来到了一家数字营销公司,负责与某餐饮客户对接。三个月后,他提了离职,因为项目推进不下去。他跟我这样说:

"我不理解,餐饮行业最重要的就是了解一线门店,上级却整天让我坐在办公室,这怎么能发现真正的问题呢?"

他也许很委屈,却忽略了一点:他有丰富的餐饮行业运营经验,比他的上级拥有更强的行业判断力,他应该主动告诉上级,怎么做才合适。

而<u>入职谈话</u>,是管理者进行价值沟通的第一个重要场景。告诉公司自己的价值,以及它们能为公司带来什么,是每位管理者从入职谈话开始,就要做的事。

2. 通过入职谈话展现价值

管理者主要可以通过以下三个步骤在入职谈话中,展现自己的价值:

3

(1) 建议合适的目标

在价值沟通之前,公司对管理者的了解主要来自简历和面试,因此,公司安排的任务主要是基于对管理者经历的主观理解。这时候,公司给管理者设定的目标很有可能是不适合的。比如,一名运营经理特别擅长对一线门店的运营分析,但公司却把考核目标设置在对内容运营的提升上,因此,他就失去了去一线考察的机会,整天坐在办公室里,无法真正发挥优势。因此,管理者需要向公司建议适合自己的目标,比如提出可以通过借助自己过往的经验,用线下活动带动线上的品牌曝光,这样公司就可能会把目标设置在线上整体粉丝量的提升上。

(2) 建议适合的工作方式

管理者还可以主动提出适合自己的工作方式。比如在一些广告公司,创意经理在进行提案时,习惯用思维导图而不是通过幻灯片来向客户展示自己的创意,因为他们觉得这样更加高效。如果管理者确定,自己的工作方式更有利于工作的开展,就可以直接把这部分价值告诉公司,并给公司一个完成目标的承诺。有人会担心自己的工作方式会被公司拒绝,但要知道勉强使用不适合自己的工作方式只会让事情变得更糟。

(3) 争取合适的资源

管理者可以根据自己的特点,争取适合自己的资源。比如,某客户经理特别擅长通过举办下午茶的形式维护客户关系,在轻松的氛围下,客户经理更能引导客户说出真正的需求,那么他就可以主动跟公司提议,每个月多给自己几次下午茶费用报销的机会,为客户续费和增购打下基础。

第1章 定：把自己定位到更有价值的工作

下面，我会通过一个案例说明，管理者如何通过以上三个步骤，展现自己的价值。

 案例

说好价值，助我为公司创造更多收益

两年前，我作为一名市场部经理，加入了一家以智能营销为主要业务的公司。这个岗位主要通过对公司和产品的宣传，提升品牌影响力。到岗后，我兢兢业业地维护官网信息、谈资源，还带领团队写出了多篇10w+的"爆文"。

结果两个月后，我的领导突然说："我觉得，你作为一名市场部经理，根本没有产出预期的价值。"

我耐心地问："为什么这么说？"

他的回答很让我惊讶："因为我没看到你所做的工作对目前的业务有任何帮助。"

原来，对业务有帮助，才是现阶段公司最大的需求。

那天，我们聊了两个小时，我通过三个步骤帮助公司重新明确了自己的价值。

第一步是建议合适的目标。

我擅长项目管理，对市场判断也很精准，在公司需要业务扩张的前提下，我主动提议从市场部经理，转岗为运营部经理。这个岗位直接与客户接触，也会对业务产生直接的影响。在讨论后，我们将目标确定为：在一年内，带领团队完成五个标杆项目，为公司进一步拓展客源奠定基础。

第二步是建议合适的工作方式。

由于我更擅长通过灵活的方式完成任务,我建议领导以"抓大放小"的方式对我进行管理,即将业绩指标作为主要考核方式,对执行方式细节不做过多管控,具体方式是通过邮件申请预算并承诺业绩指标,如项目中发生变动,则及时以邮件告知。

第三步是争取合适的资源。

在项目前期,需要的资源主要是人员与资金。对于人员方面,我出具了详细的人员招聘要求,以及到岗后人员的考核方式;在资金方面,我提议根据不同项目申请预算,并设计了投入产出表,来衡量不同项目的投入与收益,如下表所示。

投入产出表示例

项目名称	营销费用	人力成本(元)	其他成本(元)	预算总计(元)	收益预估(元)
项目 A	××	××	××	××	××
项目 B	××	××	××	××	××
总计				××	××

最后,我与领导就以上方面达成了共识。一年后,我带领团队完成了五个标杆项目,为公司创造了不小的收益,这些案例也吸引了更多同类企业与我们合作。

---

3. 管理工具箱:价值沟通的四个步骤

管理者如何沟通自己的价值,才能产生更好的效果呢?刚好,我有个很好的例子和你分享。近期,我投身一家全国知名的互联网公司,担任品牌部主管,负责开垦公司 Web 3.0(指第三代互联网)方面的新业务。三个月后,我经历了一场惊心动魄的转正答辩,由五位挑剔的高管评估我是否有价值留在公司,答辩的结果是:几乎一半的高管给我打了将近满分的成绩,甚至有位高管对我说:"我已经很久没听到这么好的演讲了。"

那我是怎么讲清楚自己的价值的呢?用的是一个非常常见又简单的模型,那就是 why(为什么来到这里?)-what(价值是什么?)-where(在哪些地方发力?)-how(价值如何落地?)。

(1)why(为什么来到这里?)

说清自己价值的第一步,是告诉别人你的初心,也就是为什么你来到了这里。还记得我当时用一句话,牢牢抓住了所有人的注意力:"在座的各位都认识我,但我还是想做个自我介绍,因为大家并不清楚我是如何一路走到了这里。"我开始回忆我还在广告公司时,策划过不少活动,有很多好的创意,最后因为场地和时间的限制不得不放弃了。有时方案写累了,我会闭着眼睛思考营销的未来:我幻想在沉浸式技术发达的时代,很多"不可能"的创意会成为可能。我想得如此投入,甚至还写了一个电影的剧本,叫《重庆立方》,讲述虚拟现实技术如何赋能城市进行宣传。所以,当我看到这家公司的主要业务包括虚拟现实技术时,一下子就投递了简历。这段经历打动了在场的所有人。

讲好 why 的两个关键因素,是形象和距离。形象就是你是否能通过具体的道具、图像、声音等,让别人理解你的初心故事。比如,当时我就拿出了我为电影剧本设计的人物形象,一个手绘的人工智能女孩,这个丰满的形象让大家相信我对 Web 3.0 的憧憬不是一时兴

起;距离就是你讲的故事要贴近观众的生活。当时在座的评委,有不少是市场营销背景出身,没有人比他们更能理解好创意被迫放弃的痛苦了。管理者可以通过形象的故事,拉近和受众的距离。

(2) what(价值是什么?)

说清楚价值是什么的核心,在于区分自己的价值和别人的价值。不怕你笑话,我当时的答辩PPT的第一稿就被我上级打回来了,他说:"面面俱到,就等于什么也没说。"后来,我深切地反思,得出了一个结论:我说的大多是团队能做什么,没有真正从我自己的角度出发,说到底还是对自己的能力不够自信。于是,我换了个思路,只谈每个项目中自己的价值:我回想起自己怎么在不懂技术的情况下,通过市场调研,设计出新手也会用的产品;怎么从用户角度出发给出建议,说服了资历比我丰富的同事。虽然作为策划部主管,很多事我不直接参与执行,但不被技术条件限制思路,一心只为用户着想,恰恰是我作为策划的价值。

what这个版块容易犯的错误是,太专注于讲好细节,比如自己经验多么丰富、判断多么精准等。但管理者更应该做的,是从中提炼出具有普适性的价值。比如当时,我就把所有的工作分为三类:流程类工作、优化类工作、创造类工作。比如,对于创造类工作,我的价值就是提炼出可复用的流程,像是"抓重点、找亮点、定方向、分细项",这样高度总结的阐述能帮助其他人理解管理者的价值。

(3) where(在哪些地方发力?)

接下来,管理者需要重点阐述自己将在哪些地方发力。说实话,策划的工作千头万绪,包括业务设计、功能设计、活动设计等等,如果事无巨细地讲述,无法留下深刻印象。经过思考,发现这些工作都有一个共同点,那就是都是创造性工作,于是我灵机一动,用三个"创造"来展开我的演讲,分别是:短期创造标杆、中期创造传播、长期创造营收,让大家一听就懂。

讲好 where 这个部分,最关键就是要结合目前企业的痛点来说。比如,我当时说:"我觉得公司现在痛点有三,有用户,但用户不会用;有体系,但体系不好玩;有付费,但付费不规模化。"这样犀利的语言,抓住了每个人的好奇心,也顺势引出了我后续的计划。

(4) how(价值如何落地?)

最后,管理者要说清楚具体用什么方法,将自己的价值发挥作用。那时,我举了几个比较具体的名词,分别是"企业虚拟装修大赛""Web 3.0 直播训练营""数字人打包套餐计划",让大家更好地明白我具体要做的事情有哪些。

贴出之前的成果可以让 how 这个部分更有说服力。比如,Web 3.0 直播训练营这个概念,大家可能不好理解,于是我贴出了之前抖音直播训练营的具体计划,并告诉大家如何和现有的业务结合,做出更好的课程,大家一下子就明白了我的意思。

思考题

1. 为什么管理者不能在执行完第一个关键任务后,再向公司说明自己的价值?

2. 如果你的上级认为你的某项价值与公司的预期不符,你会如何让自己的价值被看见?请结合"why-what-where-how"进行思考。

扫码看视频

被看见：新任管理者的第一课

1.2 述职演讲：让机会被看见

述职演讲,是管理者进入公司后的一次重要展示机会。有些管理者在述职演讲时,可能发生如下图中的尴尬局面：

管理者

在我担任管理者的第一个月中，每天发布三篇文章，每周开一次团队会议，共与20名客户完成了沟通……

我不想听你的日常工作，能说重点吗？

上级

初级管理者在述职时会遇到的情况

图中的这位管理者的演讲大概率不能得到上级的认可,可能还有负面影响。究竟是为什么呢？

1. 述职演讲,是和公司的对话

很重要的一个原因是,<u>述职演讲不是由管理者单方面地列举成果,而是管理者和公司共同探讨机遇</u>。

我在广告公司担任管理者时,每个月都要与副总监进行述职演讲。每次,我都会提前三天准备好演讲内容。但即便如此,副总监对我的汇报总是不甚满意,有一次甚至说："Sophy（我的名字）,你的演讲就好像在背稿。"

事情真正发生转变,是某一次我因为工作太忙忘记准备讲稿。我坐在副总监办公室中头脑一片空白,不知该说什么。半晌才硬

10

着头皮说:"上一次我和您一起去商业谈判,我发现您总是会向客户提问,问他们是不是加班,平时工作忙不忙,奇怪的是客户听了这些问题后,最后都购买了产品。不知您有没有建议可以给我?"

出人意料的是,那一次副总监并没有批评我,而是详细地跟我说了商业谈判背后的逻辑,以及之后我可以在谈判中做哪些尝试。最后,还对我说:"Sophy,我很高兴看到你的进步。述职演讲不仅是讲自己干了什么,更重要的是,公司需要什么,以及你有哪些价值,可以为公司带来哪些机会。"

后来,每一次述职演讲,我都会提前准备好工作中的痛点,与总监进行探讨,副总监也很少批评我的述职演讲了。

2. 用述职演讲,发现四种机会

管理者可以通过述职演讲发现以下四种机会:

(1) 调整机会

调整机会是指通过对业务的系统性洞察,找到调整业务方向的机会。比如,某项业务的投入百分比要不要调整?它是不是现阶段的重点?管理者可以通过"业务重心表"(见下表)来帮助述职演讲的开展,主要内容包括模块、模块内细分工作、所占百分比、预计产出等。通过这张表,管理者可以直观地向上级展示,目前的工作重心是什么,是否需要调整。

业务重心表示例

模 块	模块内细分工作	所占百分比	预计产出(万元)
客户管理	大客 A	40%	10
	大客 B	10%	10
	小客 C	20%	1
	小客 D	30%	1

比如，我在广告公司担任策划时，曾经通过业务重心表，向领导开展述职演讲。在演讲中我指出，小客的盈利产出仅占大客产出的10%，却要耗费50%的人力。后来，领导就派我开展小客优化工作，包括保留有潜力的小客，清退投入产出比低的小客等。这次演讲，为我之后的晋升打下了良好的基础。

(2) 增长机会

增长机会，是指通过业务复盘，找到业务潜在增长可能的机会。比如，在一次市场部主管的述职演讲中，我们发现虽然近半年公司在短视频中的投入，并没有带来理想的销量，但为数不多的几次在直播中的尝试，却带来了意想不到的收获。因此，公司当下决定，增加在直播方面的投入。不仅如此，公司还决定开启售卖直播相关的课程，提升客户的直播效果。

(3) 成长机会

成长机会，是指发现管理者个人成长的机会。比如，我在担任运营部经理的过程中，主要工作是帮助客户运营营销矩阵，但公司通过复盘，发现在过去半年中，我有三分之一的时间都花在客户培训上，而且收获了不错的反响，间接推动了几个重要客户的续费，因此，公司决定把更多的培训工作交给我，给我更多个人成长的空间。

(4) 发展机会

发展机会，是指帮组织找到发展的机会。比如，通过对客户短视频的运营分析，我发现培训虽然能提升客户的创作水平，但客户之所以难以坚持创作，是因为没有一款高效率的创作工具。因此，公司决定开发一款视频辅助创作软件，通过模板和提词工具，让客户创作的过程更简便。

下面,我通过一个案例来说明,如何通过述职演讲发现以上四种机会。

 案例

述职演讲,帮助地产管理者打开局面

刚毕业那段时间,我在一家地产公司工作。每个月都会有经理述职演讲的环节。有一回,新到任的行政部经理M的述职演讲,给我留下了深刻的印象。经理M是一名"空降"的经理,到岗后面临种种难题,如制度不完善、人员配合度低、业务水平参差不齐等。为了解决以上问题,经理M在述职演讲中列举了公司的四个痛点,并分享从中看到的四个机会。

第一个机会是调整机会。

经理M注意到很多部门职能没有明确的划分,所以职员接到电话后,总是相互推诿。其归根结底的原因,是对总部员工没有一套完善的评估机制。因此,经理M建议在行政管理上进行如下调整:设置一套经纪人与职员的双向打分体系,包括态度、知识、技能等衡量标准。

第二个机会是增长机会。

经理M还注意到,很多房产经纪人在入职后,业务增长速度缓慢,原因是经纪人之间没有相互学习的平台,但资深经理人为了避免区域竞争,也往往不会公开自己的经验。当时总部每天都会发布对优秀经纪人的嘉奖公告,经理M建议通过对客户的采访,挖掘优秀经纪人的经验,并添加到嘉奖公告中,促进经纪人之间相互学

被看见：新任管理者的第一课

习，同时也能将公开经验转化成荣誉。

第三个机会是成长机会。

经理 M 发现，部门的职员不愿意参加年会，因为年会的形式缺乏新意。因此，经理 M 提议自己担任年会的策划人，在年会中增加小品环节，由一部分人演经纪人，另一部分人演买房者，通过有趣的桥段，展现买房时的真实痛点。通过小品，经纪人在为公司作贡献的同时，也深化自己对地产服务的理解。

第四个机会是发展机会。

经理 M 还发现，很多总部职员对业务不熟练，不能解答经纪人的问题。因此她提议设立"月月考"制度，只有通过考试才能继续在总部任职，让组织走向更加长远的发展。

最后，经理 M 通过述职演讲，快速打开工作局面，并在年会上得到了公司的嘉奖。

++

3. 管理工具箱：述职演讲的两个锦囊

这里，我会提供两个锦囊，帮助管理者通过述职演讲更好地与公司沟通。它们是：从封闭式谈话，到开放式谈话；设立灵活模块。

（1）从封闭式谈话，到开放式谈话

述职演讲时，封闭式谈话是指只针对工作的结果进行反馈，不针对工作的过程进行探讨，这样会导致公司无法了解工作结果背后真正的问题，错过发现真正问题的机会。而开放式谈话更注重对整个工作过程的审视。从形式上来看，述职演讲主要分为：聊目标、聊成长、聊评价。

第1章 定：把自己定位到更有价值的工作

- 聊目标：管理者需要<u>不断与公司探讨目标并达成共识</u>，因为市场是在不断变化的，这就导致公司每一阶段的侧重点也会有所变化。聊目标时需要确认的问题包括"目前公司的业务核心，是围绕哪些产品""围绕这些产品，我们服务的价值主要体现在哪些方面""哪些价值观或信息，是我们最近需要传达给消费者的""哪些价值观或信息，是我们要避免传达给消费者的"。通过对目标的确认，管理者可以确保自己与公司在一个频率上，在关键问题上保持一致。

- 聊成长：在确认目标的基础上，管理者可以<u>主动与公司探讨对职业的期许</u>。管理者应该主动提及自身和团队的不足，以及规划如何改进。比如"在管理团队时，我发现本部门解答客户疑问时专业性不足。因此我建议加强客户部与技术部的连接，每月至少开展一次分享会，同步最新信息"。

- 聊评价：管理者应该主动询问公司对自己的评价，这样可以收获意想不到的指导。比如，有一次我在述职演讲时对副总监说："我觉得自己在管理团队时，优点是想法比较多，您觉得呢？"没想到副总监对我的评价是："我觉得你虽然想法很多，但有时太过天马行空了，做项目还是要多考虑怎么落地。"通过对评价的探讨，管理者会收获对自己全新的认知。

(2) 设立灵活模块

互联网时代，市场的变化极其迅速，这就促使管理者需要提前准备不同计划，并在每个计划下提前安排部署。举个例子，给客户做短视频拍摄指导，是"运营化"还是"产品化"？运营化是指依靠人力，对客户进行培训，这样的优点在于降低了开发成本，灵活度

15

被看见：新任管理者的第一课

更高;产品化是指开发相关产品,对客户的拍摄进行辅助,优点是更加标准化,有利于市场的推广。如果不确定哪方面的市场机会更好,管理者可以把运营化的方案与产品化的方案设置为灵活模块(见下表),供公司选择与探讨。

灵活模块示例

方　　案	所需人手(人)	所需时间(月)	预计成本(万元)
方案 A	3	2	5
方案 B	10	1	7

思考题

1. 如果管理者在工作中遇到团队人手不足的问题,分析这个问题可能为公司带来哪些机会?请结合调整机会、增长机会、成长机会和发展机会进行思考。

2. 如果公司对某块业务的方向不是很明确,作为管理者,应该如何辅助公司确定方向?请结合"从封闭式谈话,到开放式谈话"和"设立灵活模块"进行思考。

1.3　选对焦点:让实力被看见

"没事,这个我几分钟就能搞定,不用麻烦别人。"这是很多管理者的"口头禅"。

于是,他们被很多琐事缠身,没有机会做他们真正应该做的工作。

第1章 定:把自己定位到更有价值的工作

我在广告公司上班时,团队招募过一位广告总监。她每天都要上几百条广告,到晚上十一点,她还在公司加班。有一回,我们发生了下图中的对话:

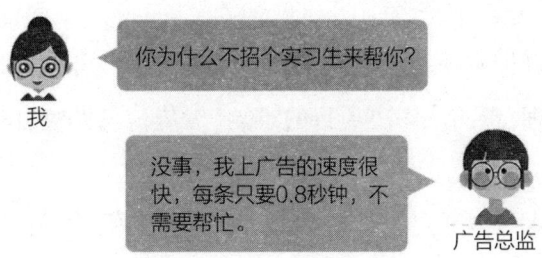

我与该广告总监的对话

过了几个月,这位广告总监被迫离职了,因为她整天忙着上广告,没有时间去拓展客户,最后客户越来越少。

这位广告总监的根本原因就是没有选对工作焦点的结果,即没有向团队和公司传递合适的价值,让真正的实力被看见。那么,管理者的工作焦点是什么?

1. 管理者工作焦点:提供资源达成目标

管理者的职责是培养员工实现目标。因此,管理者的主要任务并非完成细节任务,而是通过给团队提供资源的方式,促进目标的实现。

1959年,社会心理学家约翰·弗伦奇和伯特伦·雷文提出了管理者的五种权力,分别是:强制性权力、法定性权力、参照性权力、专家性权力、奖赏性权力。后来又添加了信息性权力。除了前两种权力外,其余四种权力可以推导出管理者拥有的资源如下:

(1) 专业技能资源

管理者可以用体系化的项目管理知识、经验方法、工具等为团队赋能,助力团队达成目标(对应专家性权力)。

(2) 信息获取资源

管理者拥有获取组织内各类信息的权力,可以通过对这些信息进行整理,帮团队解决项目的难点(对应信息性权力)。

(3) 示范激励资源

管理者可以通过自身的品格、工作方式等,为团队成员提供工作指导(对应参照性权力)。

(4) 报酬奖赏资源

管理者可以为团队申请奖励,包括加薪、升职、福利、休假、口头表扬等(对应奖赏性权力)。

2. 在团队沟通中,明确工作焦点

通过以上资源,管理者可以在团队沟通中,明确自己的工作焦点,向公司传递自己的价值。具体步骤如下:

(1) 确定方向

在项目初期,管理者的责任并非给团队提供细节指导,而是通过专业技能资源,确定正确的方向。当团队成员遇到困难时,管理者不应马上说:"我来帮你吧",而是问:"你预计会遇到哪些困难?"这样回应能避免管理者陷入对细节的过分关注。

(2) 获取资源

在确定方向后,管理者可以询问:"为了实现这个目标,你还缺少哪些资源?"部分管理者在下属表明无法完成工作时,会亲自上

第1章 定：把自己定位到更有价值的工作

手，但他们没有意识到，自己拥有下属不具备的信息权力。

（3）提供指导

在下属遇到工作困难时，很多管理者的第一反应是："我来修改吧。"但他们更应该做的是，通过自己的参照性权力，影响并激励下属完成任务，比如在下属项目进度延后时，主动提供时间管理工具，帮助下属合理规划时间。

（4）提供激励

在下属缺乏动力时，管理者不应该一味责备，而可以询问："对这个项目，你期望的收获是什么?"奖赏并不一定局限在报酬或物质上，也有可能是尝试新项目，扮演新角色的机会。

管理者沟通改进前后的对比如下表所示。

管理者沟通改进前后对比示例

场　　景	改　进　前	改　进　后
项目初期	我来帮你吧	你还有什么不清楚的地方吗？你预计会遇到哪些困难
下属表明无法完成工作时	亲自上手	为了实现这个目标，你还缺少哪些资源
下属遇到工作困难时	我来修改吧	提供相关工具和工作方法
下属缺乏动力时	一味责备	对这个项目，你期望的收获是什么

下面，请跟随我来看一个案例。

 案例

四个步骤，激励下属完成紧急任务

有一回，由于客户方项目汇报时间的调整，一个数据统计报表

19

被看见：新任管理者的第一课

需要在当晚完成。我和我的一位下属被指定完成这个任务。随着时间越来越晚，我的下属出现了焦躁的情绪，并带有责备的语气问我："你怎么不帮我一起统计呢？"

帮下属一起完成工作，在紧急情况下确实是一种选择，但如果每次都为下属承担工作，无法培养其在紧急情况下的工作素养。于是我问他："目前你的工作遇到了哪些困难？"

我的下属回答："我不知道如何安排表格的构架，对数据的统计逻辑也不太确定。"

于是，我决定通过四个步骤，激励下属完成任务。

第一步是确定方向。

我并没有直接为他确定积分表格的构架，而是问他："你觉得，如果你是客户，希望看到的信息有哪些呢？"

他说："我想知道花了这些钱，具体产出了哪些效果，包括浏览量、互动量、购物车添加数、购买量等。"

我问："那这几个数据中，哪些数据是比较重要的？"

他回答："购买量是最重要的，浏览量也很重要，因为这样能计算出购买的比例。"

经过讨论，我们达成了一致：在总表中只呈现浏览量和购买量的数据，其他数据在分表中呈现。

第二步是获取资源。

随后，我问他："对于统计逻辑的问题，你哪里不太确定？"

他说："客户之前的报告中，购买量有时统计的是累计量，即从一月到现在的数据，有时统计的是当月新增量，我不确定在表格中放哪个数据。"

于是,我直接写了一封邮件,询问客户应当使用哪种统计方式。由于客户急需报告,很快回复了我:"下半年,团队仅统计当月新增量,为的是激励经销商更好卖货。"

第三步是提供指导。

在了解了以上信息后,我的下属对于表格不再有任何疑问,但制作的速度还是较慢。经过他的允许,我观察了他的工作过程,原来由于在线表格加载缓慢,鼠标一旦误点,就需要很长时间才能回到原单元格。在我的建议下,他改用键盘进行操作,有效避免了误点的情况。

第四步是提供激励。

经过仔细了解,我发现我下属焦躁的主要原因,是害怕下班太晚没有公交,而申请打车要等到下个月才能报销,因此,我提议为团队申请加班基金,在紧急情况下,允许预支一部分费用供团队打车。这个提议得到了我下属的支持,最终也得到了公司的批准。

在我的激励下,我的下属顺利完成了紧急任务,而之前的焦躁情绪,也烟消云散了。

3. 管理工具箱:明确焦点的三个"主动"

管理者的实力,需要团队成员的配合才能发挥得好。这里建议通过三个"主动",让团队成员更好地理解管理者的工作焦点。

(1) 主动解释

在项目沟通中,管理者可以主动解释自己扮演的角色,以及如何配合团队成员完成工作。管理者可以通过如下句式进行解释:

被看见：新任管理者的第一课

"在这个项目中,我的角色主要是××,你的角色是××,我可以通过××来帮助你完成任务。"

比如:"在这个项目中,我的角色是明确项目的方向并获取资源,你的角色是确保数据统计无误。我可以通过帮你理清统计逻辑的方式,协助你完成任务。"

(2)主动授权

对于一些细节性的任务,管理者可以通过主动授权的方式,激发成员的积极性。管理者可以通过以下句式进行授权:

"这个项目的主要方向为××,对于××的部分你比较熟悉,可以自主完成,而对于××部分,我可以为你把关。"

比如:"这个项目的主要方向是包装盒的设计,对于设计部分你比较熟悉,可以自主完成,而对于文案的展现形式,我可以为你把关。"

(3)主动分享

除此之外,管理者还可以主动分享自己的知识、技能、资源等,方便任务开展。管理者可以通过以下句式进行分享:

"对于这个项目,我能提供的资源包括××和××,如果你不清楚如何使用这些资源,欢迎向我咨询。"

比如:"对于策划案的制作,我能提供的资源包括历年的成功案例,以及案例框架,如果你不清楚如何使用,欢迎向我咨询。"

思考题

1. 如果你的下属对你说:"你为什么不帮我一起完成工作?"你

第1章 定：把自己定位到更有价值的工作

会如何回答？请结合"确定方向、获取资源、提供指导、提供激励"进行思考。

2. 当下属每个细节都要请教，希望得到你的建议时，你会如何帮助他有效工作？请结合"主动解释、主动授权、主动分享"进行思考。

1.4 责任分配：明确责任界限

管理者到岗后，总是希望在短时间内承担更多责任，所以，当他们领到一个任务的时候，总是不假思索地回答："没问题。"但到实际执行时，很多环节都推进不下去。为什么会这样？这里我想分享一个故事。

有一回，我发现新来的客户部经理晚上 10 点还没下班，于是我们发生了下图中的对话：

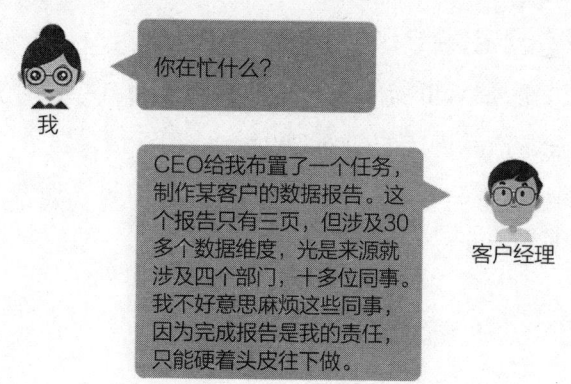

我与该客户经理的对话

这就是没有明确责任界限的后果：管理者承担了不属于自己

的责任,无法真正发挥出自己的价值。那么,是什么造成了责任的界限不清呢?

1. 金字塔型组织的弊端

金字塔型组织是指,企业的整个人事组织像一座金字塔,领导者高居塔尖,以制度化和法规化严格构建等级制度。此结构有两个重要问题:

(1)纵向授权造成的"隔热层"

企业的责任分配都是由高层领导决定的,但由于高层领导并不经常接触一线业务,因此责任划分不一定合理,比如给没有策划特长的员工安排策划任务,或让没有经营数据权限的员工制作经营报表等。

(2)横向分工造成的"部门墙"

由于金字塔型组织的职责按岗位划分,对于不属于岗位的职责,没有明确规定,会导致员工不清楚由谁来承担。比如公司要求开展产品讲座,要求市场部和产品部共同参与,但由于两个部门的职责中都没有产品讲座的部分,就会导致相互推诿。

以上两点,都会导致分工不明确。那么作为管理者,如何促进责任的合理分配呢?

2. 四个步骤,完成责任的明确分配

管理学大师迈克尔·哈默在他的著作《端到端流程:为客户创造真正的价值》中提道:"员工要整体考虑,要认识到所有的工作都是在为客户创造价值。"这里建议,管理者通过员工在项目中的价值,重新分配责任。具体分为四个步骤:动员、诊断、改造和转变。

(1)动员

召集项目中所需的人员,比如产品讲座任务涉及市场部与产品部,就要将两个部门的人员聚集到一起。这样的好处是方便组织讨论。

(2)诊断

讨论分析现有流程中存在的问题。比如产品部的职责是定义产品功能,市场部的职责是优化产品语言,两者均未涉及在特定场景下如何使用产品(需要对产品的深入理解和对市场的判断)。

(3)改造

组织员工进行相互讨论并对流程进行改造。从讨论中,可以发现不同部门的价值,以及在具体流程中如何发挥作用。比如市场部擅长提出场景,产品部擅长判断场景是否合理等。

(4)转变

组织新流程进行试运行。观察不同员工及部门的价值是否得到发挥,并通过项目进度表等工具衡量产出。

下面,我将通过一个案例分析如何通过价值分配责任,明确责任界限。

案例

明确责任界限,顺利完成跨部门任务

有一回,公司要求我所在的运营部,与产品部一起出一个产品新功能使用方案。当时，产品部经理对我说："你们先出运营方案，我们看下是否符合产品功能。"

但在实际执行中，我发现：方案的很多核心场景，会涉及产品的底层逻辑。于是，我提出让产品部经理给出几个典型场景。他说："我们是产品部，并不负责运营的事宜。"

我发现，造成这个局面的主要原因是责任分配不清。于是，我做了以下四个动作：

第一个动作是动员。

下午，我给运营部与产品部的所有成员发送了一则会议邀请，为了提高产品部的积极性，我向CEO申请由产品部经理担任本次项目的负责人。

第二个动作是诊断。

经过短暂的讨论，我们发现项目推进不下去的主要原因是，产品部对运营的具体环节不熟悉。在我的组织下，运营部成员在会上分享了十个运营的经典案例，并总结出客户的主要需求点。自此，产品部对运营内容有了基本的了解。

第三个动作是改造。

随后，我请产品部的同事就具体的运营场景提出想法。在他们的建议下，我们改用产品用例的框架来完成方案的主体部分，包括目的、使用场景、案例等，并就具体创意进行讨论。

第四个动作是转变。

在会议后，我们完成了分工，由不同部门的同事，填写产品用例中的不同部分，并在在线文档中进行更新，对于不确定的部分，通过批注形式，直接向对应的同事提问。

通过明确责任界限,我们顺利完成了跨部门任务,也为之后的合作提供了参考。

++

3. 管理工具箱:RACI 任务分配模型

管理者还可以通过 RACI 模型,进一步明确责任,并完成责任的传递。

- 谁执行(responsible):即负责执行任务的角色,具体负责操控项目、解决问题。
- 谁批准(accountable):只有经他/她同意或签署之后,项目才能得以进行。
- 咨询谁(consulted):即拥有完成项目所需的信息或能力的人员。
- 通知谁(informed):即应及时被通知的人员。

回到本节开头的案例,那位客户部经理在制作客户数据报表前,如何通过 RACI 完成责任的分配呢(见下表)?

首先,他需要找到 CEO,即项目的批准人,告诉他需要哪些部门的同事配合提供数据,如涉及加班,则走正常的报销流程。得到批准后开展下一步工作。

第二,他需要找到应及时被通知的人员,即各部门的领导,请他们监督自己的成员在规定时间内完成任务,以及未及时完成的后果。

第三,他需要找到可咨询的对象,即各部分数据的拥有者(市场/采购/技术部等的同事),了解其数据来源及完成方法。

第四，他需要找到项目的执行者，对于简单的数据，他可以自行负责填写，对于复杂的数据，可请对应同事填写。

通过以上步骤，管理者可推进任务的完成，如推进过程中某部分超过了规定反馈时间，也能明确追责。

RACI 责任分配示例

任　务	角色	推进顺序	涉及人员	反馈截止时间
制作数据报表	批准	1	CEO	××
	通知	2	技术部总监、市场部总监	××
	咨询	3	技术部专员、市场部专员	××
	执行	4	客户经理、对应同事	××

思考题

1. CEO 请你针对年会沉闷的现状，设计一个全新的年会方案，但你并不清楚每个部门的特长是什么，你会如何处理呢？请结合"动员、诊断、改造、转变"进行思考。

2. 在制作项目报告时，你偶然间发现上一年的项目报告中有一个数据错误，你会如何处理？请结合 RACI 模型进行思考。

扫码看视频

第2章
立：逐步树立自己的影响力

在这一章中，我们来聊聊新任管理者需要学习的第二项技能：立。立，就是树立影响力，构建与团队间的信赖基础。

有四个场景需要管理者的格外关注：第一次扛责、第一次应战、第一次沉淀、第一次分享。

它们对管理者的意义分别是：在第一次扛责中，为团队树立安全感；在第一次应战中，树立自己的原则；在第一次沉淀中，树立共享经验的文化；在第一次分享中，树立自己的影响力。

通过这四个场景，管理者可以快速打开局面，一炮打响。

下面，我们进入这一章的第一个板块：第一次扛责。

2.1 第一次扛责：让安全感被看见

曾有位管理者和我发生了如下对话：

被看见：新任管理者的第一课

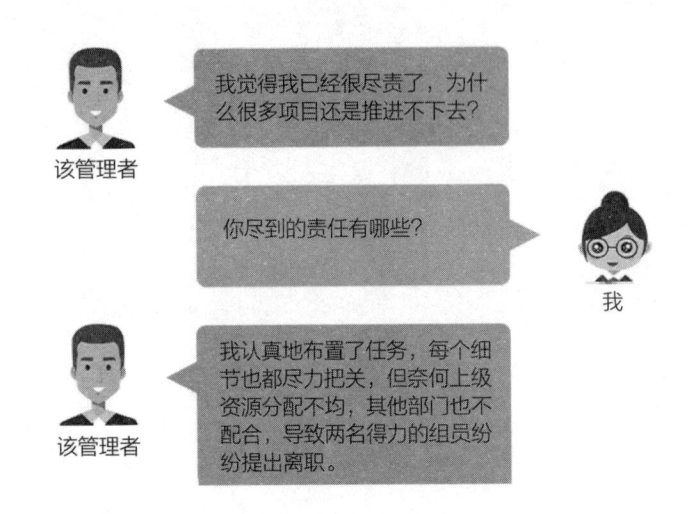

该管理者：我觉得我已经很尽责了，为什么很多项目还是推进不下去？

我：你尽到的责任有哪些？

该管理者：我认真地布置了任务，每个细节也都尽力把关，但奈何上级资源分配不均，其他部门也不配合，导致两名得力的组员纷纷提出离职。

我与该管理者的对话

在我看来，他项目推进不下去的根本原因是，虽然尽到了项目指导的责任，却没有尽到一位管理者的责任。那么，管理者的责任究竟是什么？

1. 管理者的三类责任

著名的管理学大师亨利·明茨伯格将管理者的工作分为十种角色，这十种角色分为三类：

- 人际性角色：名义领袖、领导者、联络者。
- 信息性角色：监控者、信息传播者、发言人。
- 决策性角色：创业者、危机处理者、资源分配者、谈判者。

对应管理者的责任也分为三类：

- 人际责任：包括代表员工的利益与公司沟通，负责与其他部门的联络沟通等。

- 信息责任：负责为员工发声，收集对工作有利的信息等。
- 决策责任：在项目推进受阻时，负责决策、叫停、推进等动作。

在上述案例中，这位管理者既没有尽到人际责任（即带头与其他部门进行沟通），也没有尽到信息责任（即作为员工的发言人），为项目争取资源，最终导致员工安全感缺失提出离职。那么，管理者应当如何给员工安全感呢？

2. 第一次扛责需要做的三个动作

这里建议，管理者从第一次扛责开始，向团队成员释放安全信号，建立信赖感。管理者需要做的三个动作分别如下：

（1）定义问题

首先，管理者要分析项目推进的主要阻碍有哪些，可以用5W2H模型进行问题分析：

what——是什么？目的是什么？做什么工作？

why——为什么要做？可不可以不做？有没有替代方案？

who——谁？由谁来做？

when——何时？什么时间做？什么时机最适宜？

where——何处？在哪里做？

how——怎么做？如何提高效率？如何实施？方法是什么？

how much——多少？做到什么程度？数量如何？质量水平如何？费用产出如何？

这样的好处是方便确定责任的承担者，比如上述案例中，项目推进的主要阻碍是how（缺乏资源如何推进）以及who（其他部门不愿意协助怎么办),这两者的主要责任在管理者,需要管理者主动推进。

(2)主动扛责

管理者需主动承担起属于自己的那部分责任,比如申请预算、与其他部门沟通等,为团队成员清除阻碍,树立安全感。

(3)给予承诺

最后,管理者需要给予团队成员安全承诺,即在什么范围内进行操作是安全的,可以用这样的句式进行承诺:

"A 部分由我来负责处理,这方面的责任我会全权承担,B 部分由你来负责,请做好质量把关。"

比如"客户投诉沟通部分由我来负责处理,这方面的责任我会全权承担,新方案的修改由你来负责,请做好质量把关。"

下面,我会通过一个案例来说明管理者如何在第一次扛责时,为团队树立安全感。

案例

主动扛责,为团队解决客户纠纷

我担任运营部经理的第二个月,团队接到了一则重大投诉:在一个名为"随心运动"的素人短视频创作项目中,有30条视频被品牌方以不符合要求为由,打了回来,而重新创作的时间只有一周。

接到投诉后,我的团队成员顿时慌了神,纷纷主动来向我解释:自己认真发布了项目需求,也认真进行了视频审核。甚至有成员顶不住压力,动了离职的念头。

这是我第一次扛起重要责任,也是为团队树立安全感的良好时机,于是,我做了以下三件事:

第一件事是定义问题。

我仔细阅读了品牌方的修改要求,发现问题的关键在于,品牌方和素人创作者对活动的主题"随心运动"的理解不同,品牌方认为随心运动是一种"概念",但运动者本身还是要具备专业性,而素人创作者认为随心运动是一种"态度",在教室里跳绳、温泉馆娱乐区扔飞镖都是随心运动。

第二件事是主动扛责。

在这件事中,我作为管理者的责任,是主动与品牌方沟通,明确需求之后制定规则,以避免类似情况再次发生,同时尽可能为团队争取修改时间。

于是,我与品牌方快速约了一个线上会议,会议上主要确认了以下几点:

(1) 30条视频中,有8条确实不合格,没有带规定话题或出现不相关文案,对于这些视频我们会尽快撤回。

(2) 还有10条中出现重复性元素,比如相似的画面、口播等,这些我们会酌情修改。

(3) 剩余的12条,品牌方认为与品牌的需求有偏差,对这些视频,我们认为不能简单做打回处理,而应和品牌、达人深度沟通,找出理解不一致的深层原因。

(4) 对于之后的需求制定,品牌方需要明确给出硬性和软性要求,避免类似情况发生。

第三件事是给予承诺。

会后,我对我的团队成员说:"客户投诉沟通部分由我来负责处理,这方面的责任我会全权承担,新视频的修改由你们来负责,请做好质量把关。"

最后,经过我的努力,团队的修改时间被延长到两周,那12条不符合品牌要求的视频,在我们的争取下,数量减到了5条。更重要的是,团队成员与我增加了信赖感,之后遇到类似的问题也没有被压力击倒,而是耐心与我讨论。

---

3. 管理工具箱:FAST反馈法则

在管理者第一次扛责后,还需要基于一系列行为准则,与团队成员进行沟通,加强其安全感。这里建议使用FAST法则开展反馈。

FAST反馈法则是由世界商业领袖布鲁斯·图尔甘在他的著作《快速反馈》中提出的,主要内容如下:

(1)频率(frequency)

管理者不应对成员过多催促,而应当注意沟通的频率。这里建议只在关键场景下进行沟通,包括:

- 任务初次布置时:需确认成员对任务的了解程度。

管理者可以通过以下句式询问"对于这个任务,你有哪些不确定的地方""需要哪些成员进行配合""有哪些资源还需要我提供给你"。

- 任务布置后20分钟:需了解困难。

管理者可以这样问"你目前遇到困难了吗""你会尝试哪些方法来解决""需要我提供哪些帮助"。

- 任务结束前一小时:需了解进展。

管理者可以这样问"对于一小时后完成任务,你有把握吗""如果需要延后,大概会是什么原因"。

（2）准确（accurate）

沟通的语言和形式需要准确。很多管理者习惯用语音与下属进行沟通,但语音的劣势是没有明确的层次性,且容易造成理解偏差,建议使用下表沟通任务需求。

任务管理表示例

任 务	任务内容	开始时间	结束时间	负 责 人	参 与 人	附 件
任务1	××	××	××	××	××	文件1
任务2	××	××	××	××	××	文件2
任务3	××	××	××	××	××	文件3

（3）具体（specific）

管理者需要用具体的语言传递信息,包括任务完成的时间、形式、要求等。

错误句式:你尽快做一份方案给我。

正确句式:你用 PPT 的形式做一份方案,最后导出 PDF 文件。文件需包括需求分析、解决方案、使用案例三个板块,篇幅在 20~30 页,在本周三下班前递交于我。

（4）时效（timely）

注意沟通的时效性,这一点很容易被管理者忽视。比如很多管理者会说"我现在很忙,过一会儿来找我"或者"晚点告诉你"。这样说会造成下属的任务无法推进,久而久之就不会再与管理者沟通了。正确的做法是,告知下属一个具体的沟通时间,如"我在一个小时后有空,请带上问题列表找我,并提前预约会议室"。这样可给予团队成员安全感。

思考题

1. 你的下属向你反馈,由于客户资料迟迟未交,导致项目可能会延期,你会如何处理?请结合"定义问题、主动扛责、给予承诺"进行思考。

2. 你的下属希望你协助处理一则紧急的客户投诉,而你此时正在一个重要的会议上,你会如何处理?请结合FAST反馈法则进行思考。

2.2 第一次立规:让原则被看见

"原则"这两个字,往往让管理者感到沉重,比如下面这两句话:

"刚到新环境,就给大家立规矩不好吧?"

"别人会不会认为我是一位苛刻的领导?"

所以,他们总是希望推迟原则的公布时间,甚至主动"释放"一些信号,模糊原则的边界。但这样真的能对管理者更有帮助吗?

1. 原则需要尽早公布

原则，是基于公司规章与文化建立的法则或标准，比如"实报实销"就是大部分企业的报销原则之一。我的一位朋友跟我说过这样一个故事：

有位客户经理找她（我的朋友）报销，说有笔费用让她随意安插在一个项目里就行。虽然只有 1 000 元，但我朋友当场拒绝了。这位客户经理走时说：

"不报就不报，反正有的是团队给我报。"

后来我的这位朋友才知道，那位客户经理周末经常陪分部 CEO 打球。那位分部 CEO 刚上任不久，迫切需要员工的支持，所以没有及时公布实报实销的原则。

就这样过了半年，分部突然收到消息，要被解散，原因是出现大量项目漏洞，那位分部 CEO 也被迫离职了。

这就是没有尽早公布原则的结果：员工对公司的规定失去尊重意识，最后组织走向失序。

2. 通过第一次立规，树立原则

不少管理者倾向于用轻松的方式公布原则，比如管理者团队中有个实习生经常迟到，有一天，他们发生了如下页图的对话。

在这样的情况下，员工虽然接受了惩罚，却没有了解惩罚背后的目的。那如何让员工了解原则呢？

这里建议，管理者在带团队做第一次关键任务中就树立原则。具体有以下四个步骤：

37

被看见：新任管理者的第一课

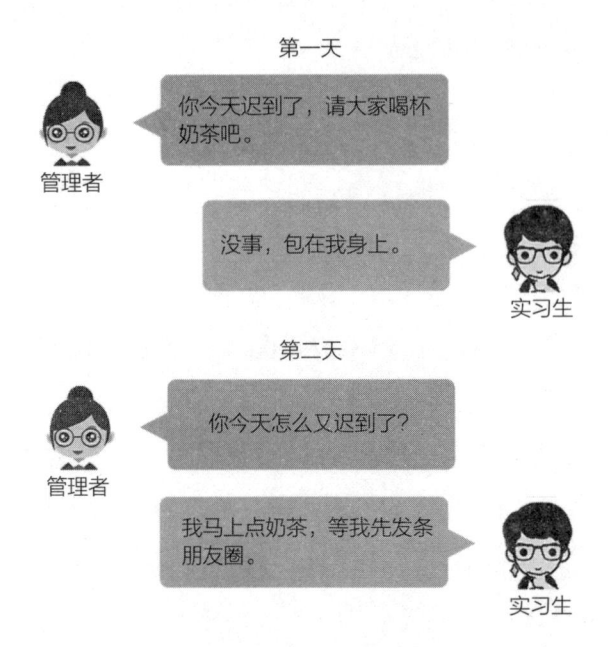

第一天

管理者：你今天迟到了，请大家喝杯奶茶吧。

实习生：没事，包在我身上。

第二天

管理者：你今天怎么又迟到了？

实习生：我马上点奶茶，等我先发条朋友圈。

管理者与实习生的对话

(1) 达成原则共识

在执行项目前，管理者需要就关键原则与员工达成共识，并声明违反原则的后果。比如通过邮件告知预算支出必须与申请金额一致，超额部分不予报销。

(2) 清晰声明原则

当员工可能违反原则时，管理者需要清楚声明原则，并给予提醒。如出现之前未能预料的情况，需要重新召开会议，达成新的共识。

(3) 坚决执行原则

当员工明确违反原则时，管理者需坚决执行原则，并落实后果。必要时附上违反原则的判断依据，如邮件、支出明细等。

(4)持续贯彻原则

管理者通过相同的标准,持续贯彻原则。必要时可制作流程文档,将执行原则的流程告知团队内的所有成员。

让我们来看看具体案例。

案例

第一次立规,我让"老"同事爱上了新业务

一群平均年龄 50 岁的高管,来自传统行业,对新事物很抗拒,能让他们顺利进行数字化转型吗?不瞒你说,这个颇具挑战性的任务就被我遇到了。当时,我刚来到一家元宇宙公司,领到的第一个任务,就是通过当地的绿化行业协会开拓元宇宙业务,而需要参与这个开拓任务的,是来自原绿化行业会刊部、会展部的这些高管们。而我的第一个具体目标,就是带领大家每周一起整理周会文档,然后向 CEO 报告。

第一步是达成原则共识。

当时,我听到了很多不配合的声音,比如:"我不能填周会文档,因为我这块业务涉及机密,不方便公开。""我的工作 CEO 都知道,有什么必要开周会?"那时,我内心十分焦灼,如果完不成这个目标,我可能通不过试用期。但怎么才能完成目标呢?

事情很快迎来了转机,在一次午休时,我听到会刊部的总监在和其他人聊天,说自己以前是如何把只有三个人订阅的会刊部杂志,推广到有将近 600 人订阅,我顿时来了兴趣,过去问他是如何做到的,他滔滔不绝地说了起来:"其实,掌握潜在受众的情况是非常

重要的。当时，我们通过一个星期，分析了所有会员的情况，包括他们的资质、规模、营收范围等，根据条件区分出优先级，比如P0、P1等，然后一家一家做针对性解决方案。"

我听完大喜过望，要拓展元宇宙业务，没有人比这些高管更了解会员单位的情况，当时推广会刊杂志的思路，现在也可以借鉴。于是，我当下决定：将收集会员单位资料、上传到元宇宙的情况进行汇报，作为打开周会局面的第一个焦点。

一天后，我带着会刊部总监精心制作的资料收集模板，和各部门负责人一起开了一场会，大家一看这个模板这么清晰，一下子就知道接下来该干些什么了。于是，我们立下规定，达成了原则共识：每周汇报收集情况，违反者自愿加班补齐企业信息，不影响周会进度。

第二步是清晰声明原则。

这样执行了一周后，我注意到一个现象，那就是各部门负责人提供过来的资料，越来越有敷衍的趋势。比如很多人只是收集了资料，却不在意资料在元宇宙中的呈现效果，比如一个园林器械的产品，只有一张干巴巴的产品照片，没有将卖点和场景相结合。于是我想了一个办法，特地召集大家开了一场会，问大家："你们客户的产品，在其他平台卖得怎么样？是不是不太理想？"一听我这话，几位高管就急了，分别打开其他平台的页面，证明客户销量出色，这时，我指着其中一张产品详情页说："为什么在这些平台销量出色呢？大家说说看这些照片和我们提供的照片有什么不同？"有人说："这张照片里有场景。"这下，正是我清晰声明原则的好时机："大家提供过来的资料，也要符合元宇宙场景，这样才有价值和意义。"

第三步是坚决执行原则。

我当下决定,在当天内,先做出三个资料收集的案例,没完成的团队要一起留下来加班。每个案例,我都让各部门的高管进行互查,全部审核通过才算完成。有了明确的目标,大家的热情都很高涨,在这个过程中也逐渐总结出了一些规律,比如会刊部以工程设计公司为主,在意的是图片的美观度,文字反而不怎么重要;会展部以绿化材料公司为重,更看重的是卖点是否能与场景结合。结果到了那天下班时,大家都做出了满意的案例,没有一位同事需要加班。

第四步持续贯彻原则。

有了案例,剩下200余家会员单位的资料收集,也要按照相同的标准。为了让流程有条不紊地进行,我设计了一个程序,每个人都在上午提交当天收集的目标数量,然后下班前自动推送完成情况。各部门之间相互监督,只有所有部门同时审核通过的资料才算合格。后来,我们很快就完成了200多家单位的资料收集,而且质量都在标准以内。

经过了这件事,大家都形成了流程化协作的习惯。对彼此的业务也有了更深的了解。

3. 管理工具箱:沟通四维模型

声明原则的过程是艰难的,但管理者可以通过沟通四维模型,让原则更易被接受。

沟通四维模型是由德国心理学家弗德曼·舒茨·冯·图恩提出的。他将沟通信息分为了四个维度(见下图):

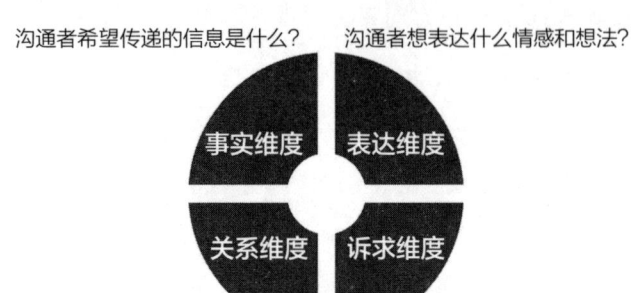

沟通者希望传递的信息是什么？　沟通者想表达什么情感和想法？

事实维度　　表达维度

关系维度　　诉求维度

沟通者从关系角度如何看待事实？　沟通者想达到什么结果？

沟通四维模型

这里建议管理者按照以下步骤，优化原则的声明(具体改进前后对比见下表)。

沟通四维模型使用示例

场景	维度	改进前	改进后
如：成员迟到	事实维度	你真懒，又迟到了	我们公司的上班时间是早上9:30，这是你本周第二次迟到了
	表达维度	我对你非常失望	我相信你可以管理好自己的时间，能了解下你迟到的原因是什么吗
	关系维度	你迟到会让我感到痛苦	作为你的前辈，我希望你能积极建立职场的"个人品牌"，这样无论我们今后是否有缘共事，你都在团队中受到欢迎
	诉求维度	下次注意	我希望看到你之后每个工作日，都准时出现在工位上。如有特殊情况，至少提前30分钟邮件通知我

(1)事实维度:客观宣布事实

管理者需用客观的语言宣布成员违反原则的事实,不建议添加主观判断。因为添加了主观判断,可能就错过了了解真实原因的可能性,比如案例中的实习生是因为意外情况迟到。

(2)表达维度:传递积极情绪

管理者应当在沟通中传递积极的情绪和期望。积极的情绪有助于团队成员建立自信,并帮助管理者传递信赖信号。

(3)关系维度:从对方角度出发

管理者可以从对方的角度出发,激励成员遵守原则。因为只从自己的角度考虑问题,无法激发共情。

(4)诉求维度:清晰提出诉求

管理者需要用清晰的语言表达诉求。提出明确的需求,能够引起团队成员重视,以清晰的标准要求的自己。

思考题

1. 如果团队成员经常无故请假,你会如何树立原则?请结合"达成原则共识、清晰声明原则、坚决执行原则、持续贯彻原则"进行沟通。

2. 如果团队的规定是早会迟到,必须写出检讨,但恰巧当天 CEO 早会迟到了,你会如何应对?请结合沟通四维模型进行思考。

扫码看视频

2.3 第一次沉淀:让经验被看见

管理者接手团队一段时间后发现,一些重复性工作可以被整理成流程和技巧,供团队成员反复使用,这就是团队经验沉淀。这项工作需要团队成员一起参与,但刚开始推进时,常常会遭遇阻碍,比如下图中的情况:

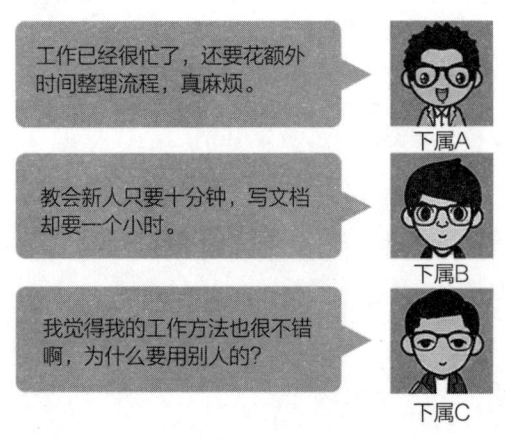

> 工作已经很忙了,还要花额外时间整理流程,真麻烦。
> ——下属A

> 教会新人只要十分钟,写文档却要一个小时。
> ——下属B

> 我觉得我的工作方法也很不错啊,为什么要用别人的?
> ——下属C

下属的常见反馈

这些问题反映了对知识沉淀本质的误解,那么知识沉淀究竟意味着什么呢?

1. 沉淀,是建立共享经验的文化

对沉淀常见的误解是,需要吸收他人的经验,代表自己的工作不如他人。这种看法是片面的,因为一旦共享经验,每个人都会从沉淀中受益。

我遇到过一件事:当时,团队需要为创作者提供热点推荐的服务。我注意到,一位新人在做热点推荐时效率特别高,别人两个小时完成的工作,他一小时就完成了。原来,他是通过有相似话题推荐的功能,快速找到该话题下的热门视频。我觉得这个方法值得借鉴,就安排他为整个部门做一次分享。

当我把分享会的通知发出后,一些老员工却产生了微妙的情绪,比如有位老员工就私信我:"用话题搜虽然快,但很多话题时效性都很长,导致下面的视频可能没那么'热'了。"我没有立即回答,而是说:"分享会当天有提问环节,你可以向他提问。"

分享会当日,那位老员工问了许多问题,都一一得到了解答。会后,他对我说:"我发现用这个方法,确实能节省很多时间。"

后来,这位老员工在工作中想到了好的方法,也会主动记录下来,分享给大家。

团队成员之所以愿意经验分享,是因为他们发现:好的技巧并不是某个人的"专利",而是一种可分享的资产。

2. 如何帮助团队开始第一次沉淀

这里建议,通过两小时经验沉淀法,开始第一次知识沉淀。

第一个小时:请该方面最专业的员工,为整体流程做个 SOP (standard operating procedure,标准作业程序),包括目的、逻辑、步骤、关键注意点。

第二个小时:先花 20 分钟,对执行的关键技巧做强调。再花 20 分钟,让执行者实际演示一遍关键场景。最后 20 分钟,请该方面专业人士评估实际执行者的成果。

下面,我会列举一个具体的案例,讲述如何使用两小时经验沉淀法。

被看见：新任管理者的第一课

案例

通过两个小时经验沉淀法，节省 50% 以上月报制作时间

团队来了两位新人，需要接手某客户月报的工作。制作月报有 50 多个步骤，我就安排我的一位下属为他们做个 SOP。

当时那位下属手头有很多工作，就产生了拖延的想法，到了截止时间文档才完成了一半。我很着急。没过几天，客户部来了位新经理，想要了解月报的情况。他看了那份 SOP 后，发现很多步骤都可以用 VLOOKUP( ) 函数进行优化，就顺手拍了几个技巧视频，贴在 SOP 里。

我的下属看了那些视频后，发现这些技巧几乎可以节约一半的工作时间。于是在我的建议下，他通过两小时经验沉淀法进行了知识沉淀。

第一步：请该方面最专业的员工，为整体流程做 SOP。

我的下属先找到了数据部门的专家，做了一个提升表格制作效率的分享。随后，他梳理出了月报的主要流程，并将这些表格制作的技巧进行运用；最后，在客户数据的计算逻辑方面，他专门请教了客户部的经理，就算法的具体逻辑进行了定义。

第二步：对执行的关键技巧做强调。

我的下属发现，在月报制作中，有五个步骤，可以用 VLOOKUP( ) 函数进行优化，于是他请实习生帮忙一起录制了视频，对关键步骤进行强调。

第三步：让执行者实际做一遍关键场景。

在月报工作开始前两天，我的下属邀请两位新人实际操作了一遍月报的第一部分，在操作时，他发现了新人的主要问题，是在引用公式时忘了修改月份,对此他进行了强调。

第四步:请该方面专业人士评估实际执行者的成果。

最后,他自己对两位新人的工作进行了检查,并及时发现统计逻辑不一致的问题,避免了月报的失误。

后来,我们只花了不到两天时间,就完成了月报的工作,而以往通常要花上五天。有趣的是,两位新人看了这些视频后,也开始尝试用 VLOOKUP( )函数优化某些步骤,然后跟我们分享。

----

3. 管理工具箱:HOOK 习惯培养模型

建立团队的沉淀文化并非一朝一夕,这里建议,使用 HOOK 模型逐步培养团队沉淀的习惯。

HOOK 模型是由尼尔·埃亚尔和瑞安·胡佛在著作《上瘾》中提出的,以培养用户对产品的使用习惯。如果把团队的沉淀文化看作是一种"产品"的话,可以通过以下步骤使团队对沉淀形成习惯:

(1)诱因(trigger)

诱因是指引导用户采取行动的因素,分为内部诱因和外部诱因。内部诱因以用户情绪、习惯、使用场景为主导,外部诱因以提示、邮件、权威推荐等为主导。

对于团队成员来说,最直接的诱因,就是在沉淀中得到了收获。比如在上述案例中,客户经理的随手分享,让团队成员减少了制作月报的时间,这就吸引他们主动投入沉淀的行为中。管理者可以主动进行沉淀分享,并把沉淀的方法告诉团队成员,激发其沉淀的动力。

(2)行动(action)

行动是指直接驱动用户的行为,有三个因素必不可少:充分的动机、完成这一行为的能力、促使人们付诸行动的诱因。

对于团队成员来说,进行沉淀最大的阻碍是会花费个人时间,但如果能让他们意识到不进行沉淀会花费更多的时间,他们就会乐于进行沉淀。有一回,我让我的下属教会新人制作统计表格的步骤(有50多步),他花了整整一天,把所有的步骤都阐述清楚,结果第二天,新人因为步骤太多无法消化,主动提出了离职。在白花了一天精力后,我的下属终于意识到整理 SOP 的重要性,开始主动投入这项工作。管理者可以通过让下属当老师等方式,直观感受沉淀带来的效率。

(3)奖励(reward)

奖励是指让用户有持续行为的多种激励,包括社交奖赏、猎物奖赏、自我奖赏等。

对于团队成员来说,社交奖赏和自我奖赏是最好的奖赏,通过沉淀,团队成员可以得到其他人的认可。比如,在某个大型互联网公司,员工入职的第一周需要递交个人基本信息,其中有一个部分,就是新员工能为团队成员带来什么贡献。不少团队成员通过分享自己的经验,给其他人留下了深刻的印象。管理者可通过组织其他成员感谢分享者的方式,激励沉淀行为。

(4)投入(investment)

投入是指鼓励用户投入更多的时间和精力,无形中提高用户流失的门槛。

管理者可以从简单的沉淀开始,一步步引导团队成员进行投入。比如要建立一个竞品分析库,一开始可以让团队成员先负责找一些简单的案例,随后逐步提高要求,让他们试着搭建分析库的构架,最后能够独立完成整个分析库。

有了这个方法,团队每一位成员都能在短时间内上手一项新业务,掌握一项新技能。

思考题

1. 某管理者想要出具一个布置设计需求的标准流程,邀请公司的文案做出初稿,这样的做法有什么问题?请结合"请该方面最专业的员工,为整体流程做个SOP"进行思考。

2. 如果某团队成员向你抱怨,整理流程文档很花费时间,你会如何应对?请结合HOOK模型中行动的三要素进行思考。

2.4 第一次分享:让影响被看见

"这周五,给大家做个分享吧。"上级拍了拍新上任的管理者的肩膀说。

一时间,这位管理者的大脑里涌现出下图中的无数想法。

管理者的内心想法

这些想法反映了这位管理者对分享的错误认知,那么分享究竟是什么呢?

1. 通过分享互动构建影响力

我曾经历过这样一件事,让我对分享产生了全新的认知。

我在广告公司任职期间,公司想派我去给经销商培训,以推动视频账号涨粉。我到了培训场地后,分享了几个简单的技巧,发现大家兴致不高,有人甚至低头玩起了手机。

这时,我观察到很多经销商已为人父母,为了活跃气氛,我问:"在座有多少人是有孩子的?为孩子拍过视频的举个手。"

结果很多人都举起了手,有一个人甚至主动将视频发给了我,问我为什么视频的互动率这么低。

我说:"娱乐性的视频互动性更高,可以试着让孩子跳跳舞、唱唱歌,顺便带个宣传话题,会吸引很多人关注,也不用担心公司安排的涨粉任务了。"

大家听得都很认真,我顺势分享了几个借热点涨粉的技巧。三个月后,90%的经销商完成了涨粉的任务。

通过这件事我明白:分享的作用是传播影响力,而互动可以促使听众把自己的目标和公司的目标联系起来。

2. 通过第一次分享打开局面

建议通过三个步骤进行分享:

(1)找到公司目标

管理者需要先找到公司的目标。比如在上述案例中,分享的目标就是推动经销商运营视频账号,为公司做宣传。说清楚目标有助于听众积极参与。

(2)找到听众目标

分享之所以无法引起兴趣,是因为和听众的目标没有直接联系,所以管理者需要通过提问、猜测等方式,找到听众目标。比如上述案例中,为孩子拍视频,并吸引大量互动就是直接的目标。

(3)联系双方目标

最后,管理者需要找到合适的方式,联结双方的目标。比如公司的直接目标是让经销商涨粉,可以通过诸如借势热点、给孩子拍视频的方式实现,激发积极性。

下面,我会通过一个案例说明,管理者如何突破重重阻碍,做好第一次分享。

案例

第一次成功分享,让我获得晋升资格

在广告公司任职期间,我向公司递交了晋升申请,公司给我的回复是:公司希望推动策划内部分享机制,让有经验的策划定期指导新员工,如果我能推动分享会办起来,就可以批准我的晋升申请。

当我把分享会的通知发布给员工时,遇到了不小的阻碍。反对的声音主要来自资深员工:

"平时的工作已经够忙了,还要参加分享会?"

"有这些时间,多服务几个客户不好吗?"

眼看分享会的时间临近,却还没有员工报名,我决定通过一些

特别的措施激励他们报名,主要包括三个步骤:

第一步是找到公司目标。

公司之所以要办分享会,是为了把知识和经验沉淀下来,最终目标是提高组织效率。所以,我想到了这样一个场景:一个新员工入职后,往往会问资深员工很多问题,从PPT怎么做,到如何处理客户投诉,解答这些问题会花费很多时间,而分享会恰恰能解决这个问题,让新员工集中时间提问。

第二步是找到听众目标。

听众分为两类,新员工和资深员工。对于新员工,他们的目标是尽快了解策划知识,融入团队;对于资深员工,他们的目标是用尽可能短的时间教会新员工,并在分享中得到尊重和认可。

第三步是联系双方目标。

首先,我先找到几名新员工,让他们写下自己最想了解的问题。由于大家都想尽快融入组织,很快总结出了几个有代表性的问题。

然后,我找到资深员工,把那些问题发给他们,并由衷地称赞:"你们都有丰富的经验,这些经验对新员工非常宝贵,如果你们能把这些经验分享出来的话,他们就会更有动力,成为像你们一样出色的员工。"

最后,分享会顺利举办,除了我本人的分享之外,还留了将近一半的时间,供资深员工解答新员工的提问,新员工也提出了很多建设性的思路。我当即宣布,之后每周五都是团队的分享日,而这个习惯也一直被保留了下来。因为在分享会中积累的影响力,公司最终批准了我的晋升申请,而我升职后也对分享机制进行了更深入的尝试。

3. 管理工具箱:团队分享三板斧

很多管理者存在一种顾虑:"如果我分享成功的经验,会不会有邀功嫌疑?"这里建议通过团队分享三板斧,让分享更受欢迎:

(1)分享经验而非经历

管理者在做分享时,容易犯的第一个错误是把经历当作经验。比如他们会说:"这个项目用了××预算,投放了××次广告,最后得到了千万级别的传播量。"这样的经历对其他人没有参考价值,那么经验是什么呢?

- 经验是系统的方法论:是根据学习者的需求,重新整理步骤,比如实际执行项目时,由于中途预算不够,临时申请预算,在讲述经验时,需要说明的是应在执行项目开始时就准备一部分灵活预算。

- 经验需要有对照:相比较传统方法,新方法有何优劣;或改进后对比改进前有何优劣。比如这里不建议管理者大谈"去中心化管理"的优势,而不提及相比传统管理模式有何优劣等。

- 经验可以被复制:管理者需要区分经历中可复制和不可复制的部分,然后聚焦前者进行说明。比如,一个直播项目做得好,不可复制的部分,是恰好与某带货能力强的主播合作,可复制的部分是选择了正确的运营手段。

下图展现了分享经历与分享经验的句式对比。

(2)分享成果而非成绩

管理者容易犯的第二个错误,是把成绩当作成果。比如他们会说:"本次推广活动,共收获了××次关注、××次分享、××次转发。"

```
┌─────────────────────────────┐
│         分享经历              │
│ "今天我来分享下我做XX PPT的步骤,│
│  供大家参考。"                │
└─────────────────────────────┘
              ▼
┌─────────────────────────────┐
│         分享经验              │
│ "本次分享主要针对的是伙伴们PPT │
│  缺乏重点的问题,需要通过三个   │
│  步骤进行改善:XX、XX、XX,    │
│  我会分享我最近制作的几个PPT, │
│  其中必要的技巧包括XX。"       │
└─────────────────────────────┘
```

分享经验与分享经历的句式对比

但成绩只能证明单次行动的结果,并不能为公司带来参考,那成果是什么呢?

- 成果能直接使用:成果并非粗略的指导意见,而是精确的实操指南。比如运营一个项目,"要有创意""需要有传播性"等元素无法照搬,而如何根据SWOT分析需求并提供创意的步骤,则可以被学习。

- 成果能解决需求:成果解决的是某个场景下具体的需求。比如"如何提高搜索的能力"并不是一个具体的需求,而"如何快速找到××行业关键词,并在××平台进行搜索"才是具体的需求。

- 成果能影响未来:归纳出成果未来使用的场景。比如,团队在7天内,成功招募到200名教育行业的潜在客户,这是成绩。但如果能归纳出如何在短时间内,招募同城人士进行线下体验的流程,就能对未来产生影响。

下图展现了分享成绩与分享成果的句式对比。

> **分享成绩**
> "本次推广活动,共收获XX次关注、XX次分享、XX次转发。"

↓

> **分享成果**
> "根据本次推广活动,团队梳理出了XX类客户对接的标准流程,后续项目可在此基础上进行优化。"

分享成果与分享成绩的句式对比

（3）分享能力而非魅力

管理者容易犯的第三个错误,是不应滔滔不绝地诉说自己在项目中发挥了多大的作用,而是将过程拆解成具体能力,供团队学习。

- 能力可标准化：比如尝试某新兴行业的推广项目,不可能要求执行者在一开始就有精准的判断,而是提供一个标准化的试错流程,如前15天作为尝试期,判断推广渠道的优劣；中间15天为发力期,主攻优质渠道；最后15天为调整期,对项目不足之处进行弥补。

- 能力可拓展：管理者需要分辨出,哪些能力可以拓展到其他项目中。比如对某公园进行商业定位,决策能力和判断能力很难复制,但通过正确的方式进行调研,是可以被复制的。

- 能力可迭代：管理者需要区分出能力中不变的部分,以及可迭代的部分。比如对于客户服务能力,在项目开始前召开启动会,加强双方的重视度,就是标准化流程,无特殊情况不需更改,而启动会的具体流程,则可以迭代。

被看见：新任管理者的第一课

下图展现了分享魅力与分享能力的句式对比。

分享魅力
"这次新项目的成功，完全源于我对项目的精准洞察，以及对节奏的准确把控。"

⬇

分享能力
"对于想要尝试新项目的同学，建议先设立15天的尝试期，通过短期试错找到正确的方向。"

分享魅力与分享能力的句式对比

通过合理的分享方式，管理者可以在公司树立起影响力，为今后的工作打下基础。

思考题

1. 如果公司希望你分享在公众场合演讲的技巧，如何让员工愿意参与？请结合"找到公司目标、找到听众目标、联系双方目标"进行思考。

扫码看视频

2. 新上任的管理者小王建议，公司所有成员都通过番茄工作法来规划时间，这样的建议有什么问题？请结合"经验需要有对照"进行思考。

第3章

要：向上级争取更多资源

管理者在公司建立了初步影响力后，就开始接手一些重要工作，这时需要学习的技能是：要。

要，就是科学有效地要到资源，以推动工作的完成。

以下四个场景需要管理者引起重视：第一次目标确认、第一次样本交付、第一场关键汇报和第一次困难会谈。

它们分别对管理者的意义是：通过第一次目标确认，要到项目的启动资金；通过第一次样本交付，要到在项目上更多的投入；通过第一场关键汇报，要到推动进展的核心资源；通过第一次困难会谈，要到必要的支持和帮助。

下面，我们进入这一章的第一个板块：第一次目标确认。

3.1 第一次目标确认：明确共同方向

争取资源，是很多新任管理者到岗后重要的一课。他们带着

被看见：新任管理者的第一课

精心准备的PPT，走进上级的办公室，结果却常常发生下图这样的对话。

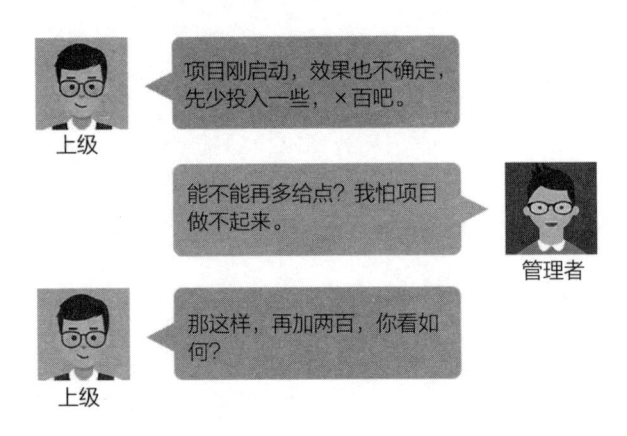

> 上级：项目刚启动，效果也不确定，先少投入一些，×百吧。

> 管理者：能不能再多给点？我怕项目做不起来。

> 上级：那这样，再加两百，你看如何？

管理者与上级的对话

最后，管理者带着可怜的三位数预算走出了办公室，不出所料，项目由于前期效果不佳，引发了客户的不满，下属也因为动力不足，没有足够努力扭转局面，最后客户解约，管理者在公司的地位也一落千丈。

为什么会出现这样的情况呢？管理者该怎么做，才能要到足够的项目启动资金呢？

1. 目标共识，是达成信赖的关键

上级没有给出充足的启动资金，根本原因是对管理者缺乏充足的信赖。缺乏信赖的背后可能有很多原因，比如管理者之前没有运营过类似项目，公司之前没有相关案例等，但最重要的原因，是上级没有与管理者达成目标共识。

我曾遇到过这样一件事，让我认识到了目标共识的重要性。

当时,我担任运营部经理没多久,公司接了一个全民营销的项目,要求大量创作者根据一个明星的广告视频,自己仿拍视频。上级给了我每位创作者20元的预算,并对我说:"一个星期,找500位创作者,拍好视频并发布,可以做到吗?"

当时我急切地想要证明自己,于是点点头。但拿着这少得可怜的预算,运营实属不易。最后,我自作聪明,找了所有的亲朋好友拍摄视频。一个星期过去了,视频数量达到了,预算也发完了,结果整体播放量只有两万多。上级非常着急,找我谈话。

在和他沟通的过程中我发现,这个项目的核心目的是打造一个案例,证明我们公司可以在短期内制造大量曝光,这样,才可以和客户争取进一步的合作。

如果当时知道目的是制造大量曝光,那我一定会列一个详细的预算文件,告知上级达到这些曝光需要的金额。我跟上级沟通了这个想法,他沉默了许久,然后说:"可惜,我们没有早一些沟通。"

后来,我与上级约定,之后每个项目启动前,都会预约一个会议来详细沟通目标,达成共识后由我出具预算申请。

这件事让我认识到:信赖对于争取资源有着至关重要的作用。而目标共识,是达成信赖的关键。

2. 通过第一次目标确认,明确共同方向

项目启动会议是争取启动资金的重要场景。管理者可以通过以下步骤,向上级和公司一步步明确目标。

(1)找到终极目标

首先,管理者需要在项目启动会上,同上级一起找到终极目标,这个目标一旦确定,就像北极星一样,高高闪耀在天空,指引着项目组的所有人员向着同一个方向迈进。比如,在上述案例中,"视频条数"不是终极目标,"整体播放量"才是,因为只有这个目标才能为客户创造价值。

管理者可以通过以下句式,向上级了解真正的终极目标是什么:

"让我确认一下,这个项目主要的目的是××吗?

"这是不是意味着所有的资源都是围绕××配置的?

"客户是为××买单吗?"

(2)拆解细分目标

在项目启动会后,管理者需要尽快将确认好的终极目标转化成细分的目标。比如"整体播放量"这个目标,就可以拆分成平均播放量、参与人数、人均拍摄条数等。(这个步骤主要是为争取启动金做铺垫。)

请注意目标需要被拆解到可以执行的程度(见下表)。

目标拆解示例

终极目标	细分目标	效果预期	预算总计
总播放量	平均播放量	××	××
	参与人数	××	
	人均拍摄条数	××	

(3)达成目标共识

整理完目标后,管理者需要通过邮件的形式,将目标连同预算一起发给上级。这一步非常重要,待上级回复确认后方可执行。

(4)追踪目标效果

此外,管理者在执行过程中发生任何进展或变动,也需要及时告知,方便上级追踪目标实现的情况。

下面,通过一个案例来分享如何通过上述四个步骤,与公司明确共同方向。

案例

确认共同目标,让我争取到了宝贵的启动资金

近年来,很多企业都在探索低成本引流的方法。比如,有一家音乐培训机构找到我司,希望能为他们低成本组建四个意向客户群。由于当时对接客户的销售已经离职,项目被转交到我所在的运营部。当时,大家都不看好这个项目,我却看到了项目的前景——如果社群能顺利组建起来,那客户很可能就会购买我司的社群智能营销产品。

在项目启动会议上,我向上级申请启动金,果不其然遇到了阻碍,上级回复:

"社群运营与我司的主营业务不符,我看不到对业务有什么帮助。"

谁知,正是"对业务有帮助"这几个字启迪了我——如果能通过这个项目,给业务带来切实的帮助,是不是就可以了?于是,我决定通过四个步骤,和公司达成目标共识:

第一步,找到终极目标。

我想起了之前公司一直在做引流效果测试,于是给上级发了

一封邮件：

"这家机构的目标客户基本都在 S 市。我认为，可以借助这个项目，开展特定地区的引流测试，也能为今后的业务做参考。"

没过五分钟，我看到了上级的回复："没问题。"

于是，我将项目的终极目标确定为：得到可靠的引流测试结论。

第二步，拆解细分目标。

我打算将终极目标分解为三个阶段：第一阶段测试渠道，第二阶段测试成本，第三阶段测试转化效果。

首先是渠道测试，我计划针对三个核心渠道进行测试：贴吧、线上兴趣小组、微信群。通过为期两天的测试，观察不同渠道吸引到意向客户的比例。我详细地列举了在此过程中产生的人力成本。

然后是成本测试，确定了主攻渠道之后，接下来就要测试何种方式营销成本更低。比如微信群营销，就分为"陌生人营销"与"熟人裂变"两种形式。陌生人营销，即不断拓展新的群，然后在群里发布营销信息。熟人裂变，即通过熟人推荐好友进入营销群。我列举了两种不同方式需要的具体预算。

最后是转化效果测试，测试不同营销载体（如 H5、推文、长图等）带来的转化效果差异。比如相同预算下通过 H5、推文、长图入群的比例分别是 1∶3∶1，就能推测出推文的引流效果更好。我列举了不同载体的制作费用，以及期间的人力成本。

第三步，达成目标共识。

我将上面的内容整理成预算表，以邮件的形式发给了上级。

上级非常高兴地说:"期待你最后测试的结果!"我们还约定,如果执行过程中发生任何变动,会及时用邮件说明。

第四步,追踪目标效果。

经过为期两周的运营,我带领团队顺利完成了客户要求的KPI,并将测试的结果整理成报告,发送给上级。通过这个项目,我司获得了成熟的低成本引流方法论,客户也与我们签约,正式成为社群智能营销产品的用户。我深切地意识到:与公司达成目标共识,真的是太重要了。

---

3. 管理工具箱:目标参照四维图

经过长期观察实践,我将不同项目的目标总结为以下四类:拿结果、测效果、做案例、获数据,管理者可以通过目标参照四维图(见下图)跟上级进行确认,保证对目标的理解不出错。

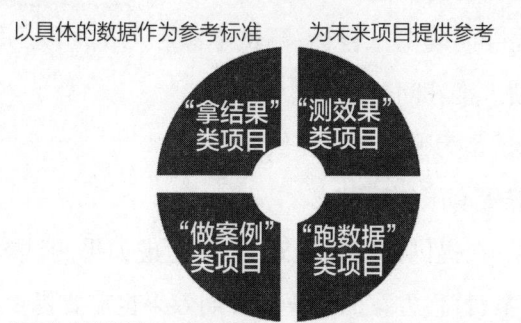

以具体的数据作为参考标准　　　为未来项目提供参考

"拿结果"类项目　　"测效果"类项目

"做案例"类项目　　"跑数据"类项目

为公司未来接类似项目打下基础　　为了在与客户介绍时可以有数据进行展现

目标参照四维图

(1)"拿结果"类项目

这类项目通常以具体的数据作为参考标准,比如销售额、播放量等,其目的是为公司创造收益或者间接收益。在执行这类任务时,管理者需要先了解对结果的衡量标准,以防遗漏关键指标。推荐问题如下:

"请问最终评判的时候,哪个指标是最关键的?"

"除了这个指标以外,还有哪些指标是需要关注的?"

值得注意的是,拿结果类的任务,常常会和测效果的任务混淆。很多时候,公司明明只是想测试一下某个项目会不会成功,却跟管理者说要直接拿结果,这也是很多时候申请不到资源的原因。如果管理者确认拿结果是最终目的,就要跟公司说明,需要多少预算才能达到预期的效果,必要的时候,还可以签"军令状",即你只要给我规定的预算,我就一定能给你做到怎样的效果。这样可以避免拿不到预算的情况出现。

(2)"测效果"类项目

这类项目主要是通过少量的预算,探索模式,为未来项目提供参考。这类项目需要明确测试目标、测试金额和测试周期,并在测试后提供效果反馈。推荐问题如下:

"请问这次测试是为哪类项目提供参考?"

"对地区/人群等有限制吗?"

值得一提的是,在提供测试方案时,需要考虑如果测试效果不佳,有没有替代方案,替代方案的预算和预期效果也需要提供。

(3)"做案例"类项目

这类项目主要是为公司未来接类似项目打下基础。做案例的项目,不需要像正式项目一样投入大量预算,拿到关键结果即可。比如该案例主要为了证明公司运营能力强,那关键结果就是曝光量、互动率等。

(4)"跑数据"类项目

有些时候,运营项目仅仅是为了在与客户介绍时,可以有数据进行展现,比如一个媒体账号管理的产品,需要展现粉丝画像,那真实的用户数据就能让客户直观地了解产品。这时不需要投入大量资源,只需产生数据即可。

通过以上步骤,管理者能找到与公司共同的目标,从而争取到尽可能多的资源,让项目价值最大化。

思考题

1. 广告公司的客户经理小陈,向客户承诺会配置最好的设计团队,结果公司让小陈通过临时借用其他组设计师的方式完成项目。小陈应当如何说服公司?请结合"找到终极目标、拆解细分目标、达成目标共识、追踪目标效果"进行思考。

2. 上级对运营经理小王说:这个项目最重要的就是拿结果,结果只给了非常少的预算,小王应当如何与上级沟通?请结合"目标参照四维图"进行思考。

3.2 第一次样市交付:让标准可视化

拿到启动资金后,项目经过了快速试错期,终于有了起色,这时,就需要更多资金的投入了。管理者向上级提出了资金申请,上级扫了一眼,回复:"你先出份详细的执行方案给我吧。"

65

被看见：新任管理者的第一课

这份执行方案可以说决定了项目的命运，下图中列举了不同的管理者的应对方法。

> 先问问上级，他想要什么样的执行方案吧。得问得细一点。
> —— 管理者A

> 我猜，上级肯定是要一份×××的方案吧，我先大干一场！
> —— 管理者B

> 我先让团队做三个方案，让上级比较一下吧！
> —— 管理者C

不同管理者的应对方法

上面三位管理者的话代表了三种不同的应对方法，分别是"问""猜""试"，但第一种方法得到的回复往往是："你先做吧，做完我再看。"第二种和第三种方法往往需要花费大量时间试错，最后甚至被上级打回，耽误了项目最关键的时期。

那么，如何应对才能用最低成本得到上级的认可，获得项目的更多投入呢？

1. 获得更多投入的核心，是让标准被看见

管理者之所以觉得出方案难，往往是因为项目很"新"，比如进军新市场、尝试新方法，之前没有可参考的标准。这会导致出现什么问题呢？让我们来看下面这个案例。

当时，我所在的智能营销公司要开发一个产品——针对抖音

平台的智能营销产品,即购买产品的客户能用自动化工具,对抖音平台的粉丝进行批量营销,比如发放优惠券等。要实现这一产品功能,就需要总结出所有可能的营销场景。当时,我手头已有三个意向客户,因此需要尽早把场景梳理出来,向上级争取更多资金投入。

第一次项目会议后,我花了整整一周时间,递交了一个逻辑缜密的思维导图,没想到上级一句话就把所有的努力推翻了:"思维导图,怎么体现出该产品的需求及功能呢?我觉得应该要用PPT呈现啊。"

表面上看,这只是格式没有达成统一,但实际暴露了管理者与上级标准的不一致,包括判断项目好坏的标准、执行的标准等。

思前想后,我做了一个决定:递交一个"最小可交付样本"。和产品部同事深入沟通后,我发现最合适的形式应该是产品用例。于是,我花半小时搭了一个标准用例框架,表头包括需求、场景、实现方法和案例。在第一行,我写了一个标准的例子,方便任何人可以快速看懂。我把这个样本交给上级,不到半分钟,他回复:"就按这个执行吧。"最后,我顺利申请到项目的更多资金投入。

这件事让我明白:获得更多资金投入的核心是<u>让标准被看见,实现管理者与上级的标准统一</u>。

2. 通过最小可交付样本,统一标准

通过上面的这个案例,管理者需要在第一次样本交付的场景中与上级的标准对齐。那么最小可交付样本是什么?又该如何制作呢?

最小可交付样本,可以理解为一张执行说明书,用最直观的方式,展现管理者的思维、执行方法,以及预期效果。制作样本具体包括以下步骤:

(1) 拟定框架

首先,管理者需要确定执行方案需要包括的必要部分、重点等。比如在上面抖音平台的智能营销产品的案例中,需求、场景、实现方法和案例就是这个方案的必要部分。框架能帮助上级快速捕捉到管理者要表达的重点,从而作出判断。

(2) 撰写样例

制作完框架后,管理者还应根据框架的格式,撰写一个示范性的例子,方便上级快速理解。比如在需求的部分,管理者可以填写"优惠券营销",场景可填写"节假日优惠活动",实现方法可填写"通过批量发送触达消费者",案例可填写"一分钟内触达某甜品公司粉丝一万人"。其余的部分可标注"待填写"。

(3) 提供对比

管理者如果不确定上级选择哪种方案,那么可以提供不同方案以便上级对比(见下表中的方案 A 和方案 B)。方案 A 根据"需求"展开,展现的是从不同需求出发,提供的产品功能;方案 B 根据"场景"展开,展现的是以场景为切入点,提供产品服务。

方案 A:以"需求"展开

需 求	场 景	实现方案	案 例
例:优惠券营销	节假日优惠活动	通过批量发送触达消费者	一分钟内触达某甜品公司粉丝一万人
(待填写)			

方案 B：以"场景"展开

场　景	需　求	实现方案	案　例
例：抖音私信	优惠券营销	通过批量发送触达消费者	一分钟内触达某甜品公司粉丝一万人
（待填写）			

（4）询问建议

最后，管理者需要列出哪些方面需要上级提供具体建议。比如，需要建议的部分：①需要您先决定使用哪种方案，请在×××时间前给我回复；②实现方案中是否需要附上产品流程图，请在×××时间前给我回复。得到上级确认后就可以正式启动。

下面，我们来看一个案例。

案例

花一个上午撰写的样本，让我获得高额的项目预算

一次，团队接到了一个网约车司机的招募项目，需要从四个城市招募司机，开展网约车业务。项目度过了最初的试错环节，到了大规模裂变拓展的阶段，需要一笔高额的预算，如果有了这笔预算，我们就能顺利完成项目，并与客户签约其他二十三个城市。当我向上级提出预算申请时，上级说："你先出一份详细的运营规划吧。"

但当我开始撰写运营规划时，却发现了这样一个问题：规划会涉及一些裂变平台的使用细节，但如果不付费，大多数平台不提供试用服务，规划就无法完成。眼看着裂变后天就要启动，我灵机一动，不如先制作一个"最小可交付样本"给上级吧。

第一步是拟定框架。

这份规划包括以下几个部分：招募机制、平台使用细节、平台预算。其中招募机制的部分，可以交给团队成员完成；平台使用细节目前不了解，先标注"待填写"；而平台预算部分则是整份规划的重点，我们可以先通过平台销售了解各平台的优劣势，以及预期的效果。

第二步是撰写样例。

由于出具平台预算需要一个上午的时间，在这期间，我先邀请一名团队成员就平台 A 设计了一个招募机制。在平台 B 和平台 C 的部分，我让他先写上"待补充"。

第三步是提供对比。

与此同时，我开始找销售人员获取平台说明，然后请其他团队成员根据说明，从易用性、功能完整性、安全性对平台进行打分，并撰写了一个对比方案（见下表）。

对比方案示例

平台	易用性 （满分：10分）	功能完整性 （满分：10分）	安全性 （满分：10分）	预算	预期效果
平台 A	5	7	7	××元	××
平台 B	3	8	4	××元	××
平台 C	3	2	5	××元	××

第四步是询问建议。

我整理完样本后，给上级拟了这样一封邮件："由于裂变后天就要启动，而平台如不付费则无法进行试用，会影响到运营规划的推进。因此我先拟了一份规划样本,请您先阅读平台对比的部分并做出选择,支付相应预算后我们会尽快完成运营规划。"

上级看完邮件,很快做出选择,还从投产比、安全性等角度给了我中肯的建议。公司还特别安排财务给我加急转账。凭借着这笔项目投入,我顺利完成了推广试点任务,获得了与客户继续合作的机会。最小可交付样本为我争取到了宝贵的时间。

---

3. 管理工具箱:样本交付的三个"分享"

看到这里,你也许产生了一个疑问:最小交付样本,是交一个"草稿"给上级吗?这样会不会显得不专业?这里,我要介绍三个"分享",让样本交付更专业。

(1) 分享洞察

首先,管理者可以主动分享跟决策有关的洞察,展现自己的专业度。比如,在上述网约车司机招募项目的案例中,管理者就可以主动在邮件里提及:"经过调查,我发现80%的竞品选择了平台A,这证明该平台在性价比上有一定优势。"这样做更加方便上级做出决策。

(2) 分享看法

除此之外,在项目涉及多部门的情况下,管理者还可以分享其他同事对于项目的看法,方便上级进行参考。比如"我咨询了产品部的意见,他们认为平台A的安全指数很高,由于招募活动细节有一定机密性,因此选择平台A更加稳妥"。

(3) 分享困惑

如果管理者对某些执行细节不清楚,在咨询各方后仍无确

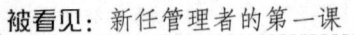

定意见,可以主动向上级分享这些困惑。比如,管理者不清楚平台具体哪些功能是公司需要的,就可以在邮件里这样写:"我看了×家平台的使用说明,归纳出主要功能点有十个,分别是××、××等,我认为重要的功能可能是××、××等三个,您看有什么遗漏的吗?"这样非但不会显得不专业,还会让上级看到管理者为了任务做出的努力。

通过第一次样本交付,管理者能与上级统一标准,争取到更多的项目资金投入。

思考题

1. 上级要求小钱在本周内递交一份年会预算方案,但很多细节需要其他部门的同事确认才能完成,需要两周时间,小钱应该如何处理?请结合"拟定框架、撰写样例、提供对比、询问建议"进行思考。

2. 小张写了一份项目预算表,希望得到上级的建议,但关于一些技术细节不确定上级是否清楚。请问她可以如何处理?请结合"分享看法"进行思考。

3.3 第一场关键汇报:让进展被看见

项目平稳运营了一段时间后,管理者会面临第一场关键的"考试"——项目汇报。不同管理者面对汇报的内心活动如下图所示。

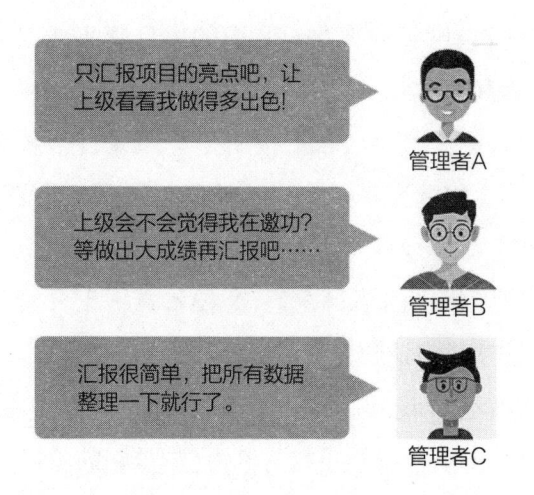

> 只汇报项目的亮点吧，让上级看看我做得多出色！
>
> 管理者A

> 上级会不会觉得我在邀功？等做出大成绩再汇报吧……
>
> 管理者B

> 汇报很简单，把所有数据整理一下就行了。
>
> 管理者C

不同管理者对汇报的态度

这三种内心活动代表了对汇报的三种不同态度：报喜不报忧、认为汇报是邀功，以及只汇报数据，不汇报价值。结果是：A类管理者很可能错过了发现问题的良机，B类管理者发现团队因缺乏激励，动力不足，而C类管理者则失去了展现亮点的机会。

那么，究竟该如何正确地看待汇报呢？

1. 好的汇报，是展现问题和潜力

好的汇报既能给人留下深刻印象，又能争取到必要的资源。请随我来看一个例子。

一次，我跟着大C做一个用户引流的项目，目标是在一个月内为某平台吸引上万名用户。第一个星期，我们费了九牛二虎之力拉到了800人，原本以为大C会夸一夸团队，没想到他第一次是这样汇报的："首先自我批评一下，本周的KPI没有达成，主要原因是目前的招募完全依靠人力，效率低下。但值得注意的是，虽然招到的人数不多,但也已经有客户对我们的项目感兴趣。下一步计划是通过技术提高招募效率。"

我很不解,问大 C:"项目汇报不是应该说自己做得好的地方吗?我们会不会挨批评啊?"大 C 眨眨眼:"你看下去就知道了。"

第二天,上级通过了大 C 的技术资源申请。要知道,当时公司同时有三个百万级别的项目在运营,技术资源十分紧张。像这样一个尝试性的项目申请到这样的资源几乎不可能。

后来,大 C 告诉我,他用的是"问题—潜力"汇报法,先精确描述项目遇到的问题,再告知项目的潜力(如盈利的前景)。

这个事件让我明白:汇报的根本目的是展现项目的问题和潜力,从而争取到必要的资源。

2. 用好三大汇报场景,让进展被看见

这里建议管理者利用好以下三大场景进行汇报:

(1)第一次取得突破

什么样的情况算是突破?往往是第一次产生盈利可能的时候。比如有客户愿意付费,有企业愿意试用等。有的时候,客户可能只是口头答应了合作,这时候汇报往往是最合适的,因为很多关键资源必须在试用的时候投入,才能及时发现项目的问题,快速优化。如果等到有几个客户签约了再汇报,这时候再发现问题,可能会引发信任危机。

(2)第一次遇到瓶颈

比如技术瓶颈、渠道瓶颈等。这些瓶颈往往是无法依靠个人力量解决的,需要公司投入资源,才能取得进一步的进展。很多管理者遇到瓶颈后,往往不敢跟公司说,而是试图自行解决,比如找免费资源、朋友帮忙等,这样非但不会得到公司的感激,反而可能耽误项目进展。

(3)第一次"惊人发现"

项目执行过程中,往往会产生一些有趣的发现,比如素人创作者视频的 ROI(投入产出比)比品牌官方的要高。把这些"发现"汇报给上级,一定能给上级留下深刻的印象,从而把更多的资源投入到项目中。

下面请随我来看一个案例。

案例

三场聪明的汇报,帮我争取到三种核心资源

我在广告公司期间,曾接手过一个合作金额千万级别的项目。但这个项目难度很高,在我之前,已经有三名项目负责人离职。项目的主要内容,是帮助 G 市旅游局,进行海外版块的招商引资。经过分析,我发现之前的负责人之所以做不好项目,是因为缺少资源:没人手,商户资料没有专人跟进;没桥梁,我们并不知道 G 市对我们提供过去的资料是何态度;没服务,合适的商户没有人进行接待和资源匹配。那时,我们正好有每周汇报的制度,我想:何不利用宝贵的汇报机会,为项目争取资源呢?后来,我选择了以下三个场景进行汇报:

第一个场景是,第一次取得突破。

如果招商工作没有结果,那就不会引起足够的重视。因此,我做的第一件事,就是设计了一些简单的招商资料,然后利用领英平台的广告,对目标人群进行投放,投放的结果十分可喜,当天晚上,我就收到了

被看见：新任管理者的第一课

30个海外酒店的留资，表示有意愿入驻G市。这是我第一次取得突破，于是第二天，我急忙在周会上对这一结果进行了汇报。没想到，副总监对我的汇报十分不满，批评了我。原来，因为时间仓促，我弄错了几个酒店的名字。有一瞬间，委屈的情绪占据了上风，但我很快清醒过来，说道："我之所以弄错了酒店的名字，是因为目前项目只有我一个人，如果给我派一名搭档，负责整理资料，效率会高很多。"副总监点点头："你这么粗心，看来要给你派一个细心一点的搭档啊。"

于是，我凭借这一次汇报，争取到了人手资源。

第二个场景是，第一次遇到瓶颈。

几周后，我们收集到了近百家意向商户的留资，但当我们把这些资料发给G市旅游局后，却久久没有收到回复。后来托副总监去问，才知道对方因为工作繁忙，没时间处理这些资料，看了几眼觉得不太符合要求，就丢在一边了。顿时，我燃起了一股激情："让我和他们旅游局的负责人聊聊吧，也许能找到解决方案。"没想到，我的执着还真吸引到了局长的关注，在和局长短短二十分钟的谈话中，我捕捉到了一个重要信息，那就是：旅游局对商户是否过往有在中国投资的经验，非常看重。

得知了这个消息，我马上跟副总监进行了汇报，希望他牵线让对方安排一名翻译，负责和目标商户进行初步沟通。这次汇报让我争取到了对接资源。

第三个场景是，第一次"惊人发现"。

对接流程逐渐步入正轨之后，我发现了一个有趣的现象，那就是很多企业在入驻时，比起当地经济情况，更看重当地有没有上下游配套产业链，而这也决定了入驻的结果。带着这个发现，我主动进行了下一次汇报,提议在商户初步意向确定后,可以安排一次线下考察,而这次考察的重点,则是安排商户和当地的上下游关键企业见面。这次汇报,为我争取到了当地的服务资源,也大幅提升了商户入驻的成功率。

通过三场汇报,我成功争取到了三种核心资源:人手资源、对接资源和服务资源。后来项目运营十分顺利,客户也与我们进行了续约合作。

---

3. 管理者工具箱:SCRTV 表达模型

如果汇报到一半,管理者突然遭到质疑怎么办?别慌,可以用 SCRTV 表达模型(由芭芭拉·明托提出,见下图)进行回应。比如上级问管理者:"为什么视频播放量这么低?"管理者可以有如下做法:

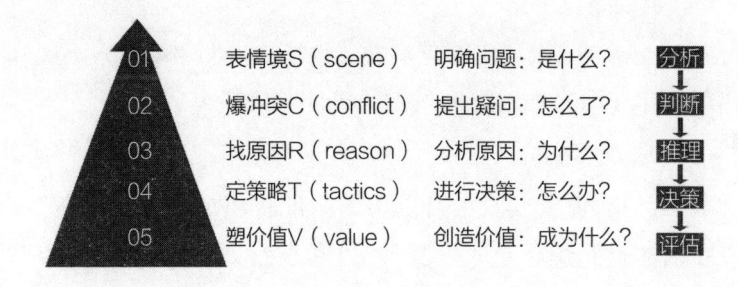

01	表情境S(scene)	明确问题:是什么?	分析
02	爆冲突C(conflict)	提出疑问:怎么了?	判断
03	找原因R(reason)	分析原因:为什么?	推理
04	定策略T(tactics)	进行决策:怎么办?	决策
05	塑价值V(value)	创造价值:成为什么?	评估

SCRTV 表达模型

(1)表情境(scene)

首先,管理者要清晰地定义问题,播放量低这句话可能有多种含义,比如增长比预期进度慢、比某竞品同期的数据低、投入产出比低等,管理者可以这样向上级确认:"您的意思是不是播放量增长比预期进度慢？"进而确保双方在同一频率沟通。

（2）爆冲突（conflict）

定义问题后，下一步是指出导致这个问题发生的主要冲突。管理者可以用"事实+解释"进一步说明："据我们观察，整体播放量的增长确实比预期的进度要慢一些（事实），这主要是由于创作者的响应人数比预期低（解释）。"这里建议管理者不要与上级生硬对抗，故意模糊问题。

（3）找原因（reason）

接下来，管理者需要进一步找出冲突背后的深层原因，可以用"尝试+现象+结论"分析原因："我们尝试过用提高奖励金的方式解决（尝试），但效果甚微（现象），这说明金额的高低不是主要影响因素（结论），此外有部分创作者问我如何找创作切入点（现象），说明可能是创作能力不足（结论）。"

（4）定策略（tactics）

找到正确的原因后，管理者需要制定针对性策略。比如针对创作能力不足，可以考虑增加创作者培训课程。

（5）塑价值（value）

最后，管理者需要表明自己和团队能提供的价值，比如："我团队有多名成员是编导专业出身，可以参与培训指导，我也可以利用运营的专业背景参与课程的设计。"

通过有效的汇报，管理者可以要到推动项目进展的核心资源。

思考题

1. 运营某项目两个月后，小李发现了这个项目广阔的前景，因此想向上级申请更多预算,但上级不置可否,小李应如何利用好汇报的机会说服上级?请结合"汇报突破、汇报发现、汇报瓶颈"进行思考。

2. 小孙在最近一次项目会议上,被上级质疑:"为什么运营了这么久还没看到效果?小孙应如何恰当回应?"请结合"表情境、爆冲突、找原因、定策略、塑价值"进行思考。

扫码看视频

3.4 第一次困难会谈:让问题被看见

汇报工作中的困难,对于很多管理者来说是一个难点,因为上级总是会对他们说:"我请你是来解决问题的,不是来制造问题的。"因此,很多管理者遇到困难也不敢说,因为想要维持全能的形象。我曾面试过一位运营管理者,当时我们发生了这样一段对话(见下图):

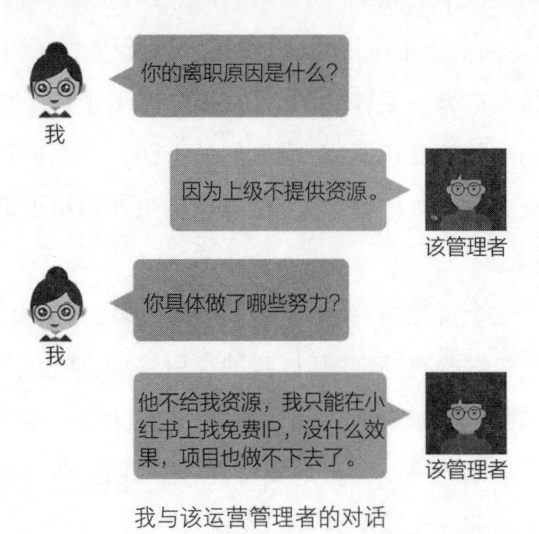

我:你的离职原因是什么?

该管理者:因为上级不提供资源。

我:你具体做了哪些努力?

该管理者:他不给我资源,我只能在小红书上找免费IP,没什么效果,项目也做不下去了。

我与该运营管理者的对话

图中的这个场景,折射出很多管理者的困境——不懂得用正确的方式汇报遇到的困难,因此也失去了获得资源的机会。

1. 提出困难,是创造新可能的开始

汇报工作中的困难在争取资源的过程中是非常重要的。这里,我想分享一次困难汇报给我带来的心得:

我曾运营过一个营销项目,客户是英国某咨询公司的中国分公司。当我按照上级的指示请客户试用产品时,遇到了一个巨大的困难——客户总是找理由推脱。两个星期过去了,上级来询问我客户的情况,我说客户还没开始使用,上级催促我最晚下周三客户必须试用产品。

一时间,我想了很多方法,比如给客户的上级发送邮件,汇报没有及时跟进的情况,或者在群里用"@"键提醒客户。但这些方法都没有解决根本问题——客户为什么没有试用产品。经过再三思考,我决定向上级汇报困难,但在这之前,我先做了另一件事:

我找与客户方关系较好的一位员工,私下了解了情况,发现他们没有试用产品的真正原因,是他们的上级对产品的使用不熟悉,而在上级没有发出具体指令之前,谁也不想在群里说话,显得自己比上级"懂"。

得知了这个情况后,我汇报给了我的上级,上级爽快地说:"我来给他们上级做一次培训吧,以我的身份培训,他也不会觉得没面子。"后来,客户上级掌握了产品的使用方法,项目得以顺利推进。

提出困难虽然可能会遭到质疑,但这是创造新可能的开始,因为其他人可能拥有你所不具备的优势。

2. 三个步骤，做好第一次困难会谈

管理者可以通过第一次困难会谈，得到必要的支持和帮助。这里建议通过三个步骤来与上级开展困难会谈。

(1) 明确阻碍因素

首先，管理者需要<u>厘清阻止问题被解决的真正因素是什么</u>。项目时间紧、人手不足可能只是表象，背后的深层次原因可能是项目协调不善、人员安排不当等。管理者需要整理出这些深层次原因，并带着初步解决方案去找上级。

(2) 重新盘点资源

明确了阻碍因素后，管理者需要和上级一起<u>重新盘点手里的资源</u>，包括"人有我无"（即公司拥有而管理者没有的资源）和"我有人无"（即管理者拥有而其他人没有的资源）。"人有我无"可以帮助管理者实现目标，"我有人无"可以帮助管理者解决因项目变动产生的问题。

(3) 创造新的可能

管理者和上级根据盘点的资源，<u>一起创造新的可能</u>。由于新资源的加持，项目原本的计划可能发生变动，管理者需要列出一份具体的行动计划。

下面请来看一个案例。

案例

通过困难会谈，我完成了"不可能完成的任务"

这个故事是我入职元宇宙公司一段时间后发生的。当时，我

被看见：新任管理者的第一课

带领团队开了几场产品发布会，也取得了一定的知名度，下一步就是要开拓细分市场了。而我领到的第一个任务，就是写一份具有吸引力的招商业务介绍PPT。当时，我们出了很多稿，但没有一稿能得到各部门的一致认同，大家在文档里的评论如下：

"我没有看到一个功能，是真正能让用户买单的。"

"用户连元宇宙是什么都不知道，怎么可能购买元宇宙服务呢？"

"从你的PPT中，我没有发现用户留存在元宇宙的真正动力。"

看着这些令人心碎的评价，我陷入了沉思。为什么会出现这样的情况呢？经过三天的思索，我得出了一个结论，那就是：在现阶段，撰写招商PPT本身就是一个"伪需求"，因为在产品还有瑕疵的情况下，介绍材料自然也无法完美。

我决定约各部门的负责人一起聊一聊，详细地讲述我的困难，看看他们有什么好的建议。当天，我通过三个步骤进行了困难会谈：

第一步是明确阻碍因素。

我先用一个文档，把大家所有的质疑点，全部都列出来。然后问大家，如果要总结一下这些问题，可以怎么做呢？一位部门负责人这样回答：

"第一，元宇宙平台对用户的工具性价值比较低，第二，平台本身缺少互动性，用户没有留存的动力；第三，在招商之前，需要先科普，带大家亲自体验和参与。"

我说："很好，我们现在已经找到了问题的核心，接下来就来看看可以做些什么吧！"

第二步是重新盘点资源。

参会的主要有三个部门，分别是传媒部、技术部和我所在的运营部。传媒部擅长进行市场宣传片的拍摄,但从来没有参与过元宇宙相关内容的全景拍摄;技术部有丰富的开发经验,但对元宇宙的积分系统如何运作,没有太强的概念;运营部对元宇宙的理解相对深刻一些,但既没有拍摄人才,也没有技术背景。

第三步是创造新的可能。

在盘点完所有的资源后,我想到了这样几种可能性:

第一,传媒部最近在负责行道树相关项目的拍摄,在这个过程中,他们发现行道树的市场供需匹配有很大的问题,供应者不知道购买方想要什么品种,购买方也不知道供应者有哪些品种。归根结底的原因,就是通过传统的平面媒体展示,不能高效率地展示树种。而元宇宙直播恰恰能解决这个问题,能让受众360°看到苗木的细节,因此我提议,让传媒部的伙伴优先制作一个苗圃360°展示的案例,来代替招商PPT干巴巴的措辞。

第二,用户需要有一个积分体系,但需要用什么样的权益来激励用户呢?我想到了平台目前有500名用户,都是园林绿化行业的上下游商户,如果让技术部在元宇宙里开发一个小广播的功能,每个商户都能向其他商户进行广播,将广播的权利作为激励点,一定能吸引用户。

第三,大多数用户只是听过元宇宙这个名词,即使在招商PPT里插入一段视频介绍元宇宙,很多人可能还是云里雾里。因此,我提议,我们运营部承担起客户培训的工作,针对园林绿化行业协会的会员单位,开展每月一次的元宇宙主题培训,凡是参加培训者都可以扫码和我们企业取得联系。这个提议得到大家的一致认可。

最后,我解决了平台缺乏工具性和互动性的问题,终于完成了招商PPT的撰写。这个看起来"不可能完成的任务",在困难会谈后顺利找到了突破点。

---

3. 管理工具箱:SMART目标管理原则

很多管理者会有一个疑惑:"我向上级汇报了困难,为什么没有引起他的重视?"这里,建议大家通过SMART目标管理原则,来与上级开展困难会谈:

(1)具体(specific)

首先,管理者需要提出尽可能具体的资源需求。不少管理者会写一个洋洋洒洒的PPT,详细地展现所遇到的困难,但对于所需要的资源只是简略带过。这可能会导致的问题是,上级可能会误判这个项目的紧急程度,即"等我有空看完PPT再决定吧"。正确的做法是:在邮件开头,用简短的语言列出需要的具体资源,比如:"为完成××目标,现需要申请××资源×个,×元项目款,以及×位人员支持。"

(2)可度量(measurable)

随后,管理者需要对需要的资源数量进行预估。预估需要有明确的依据,比如某管理者需要新增三名下属,就需要说明为什么必须增加三名下属,这三名下属分别负责什么。管理者可以通过下述表的形式进行反馈。

资源表示例

岗　位	职　责	要　求	成本预估
A	××	××	××
B	××	××	××
C	××	××	××

（3）可实现（attainable）

对于较为复杂的资源,管理者还需要给出可行性的方案。比如在上述案例中,如果管理者只是说自己"缺少人手",那上级可能无法给出直接解决方案,因为大家的工作负荷都满了,但如果管理者主动提议让自己的下属支持其他部门的工作,就会产生新的方案。

（4）相关性（relevant）

另外,资源所实现的目标要和公司的目标、部门的目标、其他有交集的同事的目标相关联。比如管理者需要其他部门的同事帮忙培训客户,但不同部门的目标可能不同,比如客户部的目标是提升客户满意度,而投放部的目标是让客户的直播数据有更好的表现,管理者要结合各部门目标来要资源。

（5）有时限的（time-bound）

管理者需要在一开始就强调,需要资源的截止日期,以及如果无法得到资源,最坏的后果是什么。比如"假设三位运营在下周一前不能及时到岗,项目进度无法赶上,客户可能会终止合作""如果项目不能在下周五前打款,供应商可能会走法律程序"。这样方便上级第一时间留意到管理者的需求。

以上,就是关于管理者需要掌握的第三个技能"要"的全部内容。为了争取到合适的资源,管理者须克服重重困难,发挥出应有的价值。

思考题

1. 管理者小高急需要做一张海报,于是她找到设计师小李,让

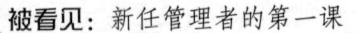

他在今日内提交,但小李表示自己已经有三个项目正在完成,小高应如何与小李谈判?请结合"明确阻碍因素、重新盘点资源、创造新的可能"进行思考。

2. 管理者小陈找上级要资源:"年底太忙了,我们组的三个人离职了,客户还在不断地催。这个项目难度很大,网上又找不到类似资料。能不能支持我一下?"请问小陈犯了什么错误?请结合 SMART 目标管理原则进行思考。

扫码看视频

第4章 用：让能力强的人为自己干活

在顺利完成几个重要任务,证明自己的能力之后,管理者可以开始考虑部署自己的团队了,这时需要学习的技能是:用。

用,就是用好人才,让人才看见岗位的价值。

管理者可以通过以下四个动作实现上述目标:主动营销资源、个人职业会谈、置身真实压力和提出更高要求。

它们对管理者的意义分别是:通过主动营销资源,陪下属度过最开始的试探期;通过个人职业会谈,帮下属确定适合的岗位;通过置身真实压力,陪下属快速适应工作节奏;通过提出更高要求,助力下属承担更大的责任。

下面,我们进入这一章的第一个板块:主动营销资源。

4.1 主动营销资源:让机会被知晓

经过了几轮面试,管理者终于招到了一名能力突出的新员工。

被看见：新任管理者的第一课

入职第一天，他们发生了下图的对话。

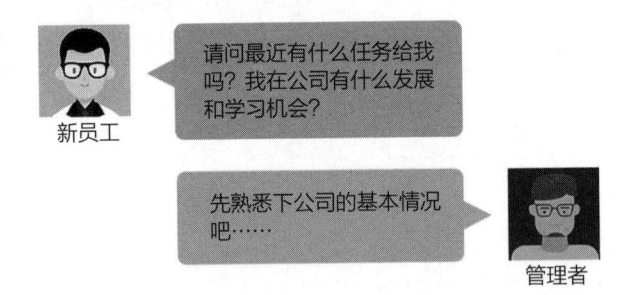

> 新员工：请问最近有什么任务给我吗？我在公司有什么发展和学习机会？

> 管理者：先熟悉下公司的基本情况吧……

管理者与新员工的对话

说完，管理者陷入了沉思：不知道他期待什么样的机会呢？别慌，这其实是新员工在"试探期"的常见反应。所谓试探期，就是新员工试探了解公司、团队和岗位，从而判断是否合适的阶段，这个过程大约为1~4个星期，而在这个阶段，管理者应该适当营销资源。

1. 资源，是成就下属人生的机会

有些管理者会急于告诉下属公司有哪些福利，比如项目激励、优秀员工奖等。但他们发现，下属好像对这些资源并不"感冒"，甚至下属会觉得领导有给他们"画饼"的嫌疑。那究竟什么才是下属需要的呢？

这里，引入戴维·麦克利兰的"三重需要理论"，该理论认为人有三种重要的需要：成就需要——追求优越感的欲望；权利需要——促使别人顺从自己意志的欲望；亲和需要——寻求与别人建立友善且亲近的人际关系的欲望。也就是说，每个人来到公司，都是带着这些需要来的，他们需求的不只是福利，还有<u>成就自己人生的机会</u>。

你也许会问,下属也有权利需要吗?这里我想分享一个自己的事例。

我刚毕业那会儿,进了一家广告公司。入职第一天,当时的上级问了我一个问题:"你的梦想是什么?"

我回答:"未来开一家属于自己的公司,写几本自己的书,为一些人提供咨询服务。"

于是,我的上级对我说:"你以后想要开自己的公司,那就需要锻炼管理能力,我会逐步让你从管理项目开始学起,让你可以独当一面;你想写自己的书,则需要学习自我营销的能力,我会给你更多制作PPT的机会,未来可以向更多人推荐自己;你想成为咨询师,我会教你职场沟通的技巧,帮助你与他人建立良好的关系。"

他没有因为我的梦想,担心我可能工作不稳定,而是敏锐地从中洞察出了我的三种需要:权利需要、成就需要和亲和需要,并一一给我提供资源,让我心甘情愿地留在公司工作了很长一段时间。

所以,好的管理者要做的就是让下属看见:这个公司,能给他的人生目标带来什么,成就什么。

2. 主动营销资源,陪下属度过试探期

管理者可以通过以下三个步骤,向下属主动营销资源:

(1)发掘下属需求

首先,管理者可以通过询问人生目标或者规划的方式,发掘下属的需求。比如有权利需要的人可能会回答"未来拥有一个自己的团队""希望能独当一面";而有成就需要的人可能会回答"成为一名优秀的编导/设计/文案……""做出优秀的作品";而有亲和需要的人可能会回答"成为一个对团队有帮助的人""交到几位好朋友"。

值得注意的是,下属的需求不一定会直接说出来,也可能<u>通过行动表现出来</u>。比如一名设计师,当管理者安排一些基础的任务给他,他却表现出满不在乎的样子,那可能说明他是一个成就需要非常强烈的员工。又比如一名客户服务专员,当管理者让他拒绝客户的某种需求时,他觉得无法说出口,可能说明他是一个亲和需要非常强烈的员工。

另外,人的需要<u>在不同阶段会发生变化</u>,比如刚毕业时不敢拒绝他人的员工,也可能因为权利需要的日益增长,变得善于拒绝他人。

(2)匹配合适资源

奥美互动全球首席执行官布赖恩·费瑟斯通豪在其著作《远见:如何规划职业生涯3大阶段》中提出三大职场燃料——可迁移的技能、有意义的经验、持久的关系。

管理者可以<u>根据三大职场燃料为下属提供资源</u>。比如对于有权利需要的人,管理者可以提供形成管理经验的机会,如让其主持头脑风暴会议、独立运营小项目等;对于有成就需要的人,管理者可以让其参与拓展型培训,培养可迁移的技能;对于有亲和需要的人,管理者可以提供让其与人接触的机会,比如组织春节晚会活动等,助力其形成持久的关系。

(3)把需求变成能力

最后,管理者需要通过让下属<u>真正参与、尝试的方式</u>,把需求变成能力。比如当我在智能营销公司工作时，公司有一个规定，那就是每个人都可以参与业务规划的制定，比如推出一项新产品，公司会在月中抽一天开一场集体会议，让大家发表看法，市场部的员工来谈如何定位人群，销售部的员工来谈如何锁定目标公司，实习生作为观众来谈对产品的第一印象，而 CEO 会针对每个人的看法当场回应。通过对公司提建议的方式，每个人都能从中收获权利感和成就感，也培养了员工之间的人际关系。

下面，请跟我来看一个案例。

案例

发掘下属的三大需要，激励他完成挑战性任务

为了更好地为客户提供直播分析服务，我招了一名下属 B，当他投入工作之后，我发现了一个问题：B 总是只分析直播的数据部分，但对于主播、场地、话术等因素很少提及。当我问他为什么时，他回答："我不太清楚怎么分析这些维度。"

恰逢客户要写一个直播年度报告，我想激励他更好地完成这项挑战性任务。我打算通过三个步骤为他提供资源：

第一步是发掘下属需求。

通过观察，我注意到他具有几个特征：第一，他对工作流程有自己的想法，不喜欢他人对细节过度干涉；第二，他每天中午都会看一些游戏类或体育类的直播，对直播有一定兴趣；第三，他很喜欢与人沟通，特别是别人对他表达感激的时候，他会动力十足。

第二步是匹配合适资源。

恰好，我那时会给客户直播一些培训课程，我决定邀请他成为我的跟播助理，近距离参与整个直播流程，并为我提一些建议。这主要出于三点考量：第一，以建议者的角度参与直播，可以让他产生掌控感，满足他的权利需求；第二，跟播助理的岗位不同于简单的直播分析岗，而是需要全程为直播负责，这可以让他产生成就感；第三，跟播助理还需要在线上与观众互动，解答问题时会得到感谢，能满足他的亲和需要。

第三步是把需求变成能力。

他成为跟播助理之后，从现场灯光的布置，到物品的摆放，提出了几个不错的建议，后来每场直播，他都会认真做好记录，不仅记录观众反馈，对我本身的表现也会做一些分析，比如我的语速、状态，和经销商互动的频率对留存率的影响。更有趣的是，之后他在看一些游戏或体育直播时，也会主动和我探讨主播表现的好与不好，并给我一些建议。

后来，他出色地完成了直播年度报告，还帮助客户发现了几个不容易被发现的问题。渐渐地，我能从他的直播分析报告上看到明显的变化，不再只有冷冰冰的数据，而是结合了对直播整体的理解，包括主播的表现、直播的氛围、场地的布置等。

3. 管理工具箱：社交货币

也许会有管理者会问：上面提到的方法只是针对某个人提供资源，有没有什么办法，可以把影响力扩散到整个团队呢？这里我想介绍一个叫作"社交货币"的概念。

社交货币源自社交媒体中的经济学概念,用来衡量用户分享品牌相关内容的倾向性问题。简单来说,就是人们会通过自己分享的东西,展现自己的特征和思想,而营销者也可以反过来利用人们的这种特点,实现口碑传播的目的。比如在朋友圈分享某官方赠予自己的身份铭牌,展现自己优秀答主的身份。

延伸到管理领域,管理者也可以通过营造某种"稀缺"或者制造某种"谈资",让分享给下属的资源被更多人看见,从而达到提升团队归属感的目的。

(1) 制造谈资

比如某位管理者经常会组织头脑风暴会议,但他发现早上组织头脑风暴会议时,总会有团队成员迟到,于是他想了一个方法,向公司申请了一个月的免费早餐,恰逢公司 CEO 还经营了一个餐饮品牌,就定了一条规定:凡是准点参与头脑风暴会议并转发朋友圈者,都可以领取一次免费早餐,这样还能为公司打广告。随着转发朋友圈的人越来越多,更多员工主动参与到头脑风暴会议中,迟到的现象也几乎消失了。在这个事例中,"免费早餐"就是一种谈资,提升了参与者的归属感。

(2) 营造稀缺品

不少公司把"和 CEO 共进午餐"变成了一个年会的奖项,以此激励员工的积极性。这就是通过营造稀缺品的方法,让员工获得荣誉感和归属感。我也尝试过把这个方法运用到管理中。我在下班后还运营了一个职场自媒体账号,我发现很多下属都对这个账号感兴趣,于是我定了这样一条规定:凡是本月内第一个完成绩效的员工,就可以参与到这个账号的拍摄中,成为账号的"明星",这也是结合我自身特点发掘出的一种资源。

(3)提供身份识别

除此之外,管理者还可以提供一些部门专有的物品或符号,增强下属的归属感。比如在我们公司,只要提到市场部,就是"每周二下午领导请喝奶茶的部门",因为这时他们往往需要开展头脑风暴会议,而技术部则是"每月底晚上有火锅的部门",因为月底往往是他们产品上线的时候,会一起吃火锅来庆祝。独特的部门标识能增加身份识别,形成凝聚力。

思考题

1. 管理者小许希望负责客户运营的小张承担部分数据统计的工作,他可以如何与小张谈判?请结合"发掘下属需求、匹配合适资源、把需求变成能力"进行思考。

2. 公司想让设计师参与3D制作的培训,未来接更多种类的客户,但报名人数较少,如何动员更多人参加?请结合"制造谈资、营造稀缺品、提供身份识别"进行思考。

4.2 个人职业会谈:让珍视被感知

度过了最初的试探期,管理者就要给下属安排任务了。这时,往往会有一个有趣的现象——管理者派给下属几个任务后,发现一段时间下属做不出成绩,就开始着急了(见下图):

> 是不是他对这个任务不感兴趣?
>
> 会不会他不适合这个岗位?
>
> 会不会面试时看走眼了?
>
> 管理者

管理者的内心想法

其实,管理者完全可以通过个人职业会谈的形式,帮助下属明确自己的岗位方向,也让下属感觉到被珍视。

1. 职业会谈,是找到突破的开始

个人职业会谈,是指管理者与人事部门以一定的频率,专门针对员工职业成长开展的一对一深入沟通。它往往发生在这样几个时间点:第一次入职时、第一次转正后、每季度末、年底。很多管理者担心和下属开展职业会谈之后,下属会发现和内心期待不同,进而离职。这里我分享一个自己的故事。

我在广告公司任职期间,团队要求每位员工写工作日报,有一名新来的文案专员因为觉得写工作日报浪费时间,与我当时的领导发生了争吵。人事部门请与该文案专员关系较好的我去进行协调,于是我和她开展了一次职业会谈。

在会谈上,我了解到她的人生梦想是加入某知名文学公司,成为一名编辑,但苦于刚毕业没有经验,没有文学公司愿意录用她。我首先肯定了她的梦想,然后对她说:"据我了解,文学编辑需要和影视公司合作,发掘有潜力的小说,然后改编成影视作品进行宣传,这需要一定的新媒体把控能力,目前这部分你学习得怎

样了?"

她说:"我对文字很敏感,但对新媒体的把控能力不太敏感,也不知道怎么提高。"

我说:"咱们公司最近不是接了一些新媒体项目吗?你也参与其中,你不妨总结一下新媒体的特征。"

她说:"我也想啊,但总是刚落笔就不知道该写什么了。"

我说:"那不妨把每天的工作日报当作你的记事本,把对新媒体产生的感悟记下来,坚持一段时间,你就有东西可讲了。"

她说:"这确实是一个好方法!我怎么没有想到呢?"

后来,她开始每天认真对待工作日报,团队成员都惊讶于她的改变,问我是怎么做到的,我只是笑而不语。这名文案专员在公司敬业服务了两年后,如愿进了某知名文学公司工作,临走时她向我表达了感激。

这个事例让我意识到,在职业会谈中发现与期待不同的地方,不一定会让下属马上离职,也可能是找到突破的开始。

2. 用第一次个人职业会谈,留住优秀员工

管理者可以通过以下三个步骤开展第一次职业会谈:

(1) 了解职业目标

每个人的职业目标,不一定与公司的岗位目标百分百匹配,这时管理者就需要了解,哪些岗位职责更能发挥他的优势和潜力。推荐问题如下:

"你的职业理想是什么?"

"你当初来到公司,期待从公司获得什么?"

"为了实现你的职业理想,你觉得目前的岗位还能为你提供什么?"

不要担心听到下属的真实答案,有时候,坦诚才是对话的开始。

(2)沟通工作规划

管理者需要了解下属对目前和未来工作的规划。如果下属对工作有详细的规划,表示他近期大概率无离职打算。这时,管理者需要了解工作的哪些部分对下属来说会有挑战。管理者可以这样询问:

"你觉得目前的工作中,哪部分工作是不太容易被完成的?"

"对于这部分工作,你有什么建议吗?"

"对未来的工作,你觉得哪些方面可能会有难度?"

(3)询问工作建议

管理者还需要了解,下属为了更好完成工作,他有哪些想法和建议。推荐问题如下:

"你觉得对于目前和未来的工作,哪些技能是你还需要提升的?

"对于这部分工作,你希望我为你提供什么帮助?

"你还有什么要问我的吗?"

这些问题看起来简单,往往能引出一些关键的回答。

请跟随我来看一个案例。

📋 案例 ••

个人职业会谈,帮我留住有能力的下属

我接手运营部的第二个月,公司发生了一次业务方向调整。

原来负责内容创作的团队,方向需要转为达人运营方向。我的其中一位下属是编导专业出身,一直很喜欢创作,也很有创作天赋,我不知道该如何向他告知这个消息。

正好有一天,我的上级让我出具一个运营部规划,其中有个板块是人员规划。我想,何不借着这个机会跟他好好聊一聊?也能为今后的工作打下更好的基础。

当天下午,我把他叫到小会议室。我用了三个步骤与他开展个人职业会谈:

第一步是了解职业目标。

我问他:"你的职业理想是什么?"

他说:"成为一名编导。"

我内心忐忑起来,但还是佯装平静:"你加入公司以来,表现一直很出色,也展现出不错的创作潜力。目前公司业务方向有些调整,会转向更偏达人运营的方向。不知你对这一块是否感兴趣?"

他说:"之前没接触过,能具体了解下吗?"

第二步是沟通工作规划。

我把事先准备好的工作规划递给他,上面详细地写了整个运营部未来一年的具体工作。等他差不多读完了,我问他:"这上面的工作,有哪些是你擅长的?有哪些是你愿意尝试的?"

他说:"创作,是我擅长的。对接客户和达人培训,之前没有接触过,可以试试看。"

第三步是询问工作建议。

听了之前的回答,我稍稍舒了一口气,为了帮助他更好地开展工作,我问:"达人运营需要很多与客户对接的工作,你之前接触这一方面比较少,会不会觉得有些挑战?"

他仔细思考了一下,然后回答:"身为一名创作者,要做出激动人心的作品,理解观众的心理非常重要。我之前虽然基础不错,但没有系统化地总结过观众心理,运营和培训正好是个不错的机会。"

我很惊讶:他居然对工作有如此深刻的想法!同时,我悬着的心也终于放了下来:看来短期内他没有离职的趋势。

后来,在他的主导下,"三分钟创意热身"系列课程顺利发布,并受到达人的广泛欢迎。这些课程不仅易懂,还能根据达人的创作特点,提供一些定制化的指导。而这位编导,也通过培训课程的制作,对创作有了更深入的理解。

3. 管理工具箱:5C 最佳匹配理论

如何与人才开展一次更深入的职业会谈?这里推荐 5C 最佳匹配理论。这个理论常被猎头公司用于筛选人才,也可以运用到个人会谈的场景中:

(1)能力匹配度(competency)

首先,管理者需要了解人才的能力是否匹配企业的需要。虽然面试时已经初步了解了人才的能力,但对于人才是否具备岗位所需的素质,还需要从实战中了解。比如从事文字编辑岗位,除了要有出色的文字能力以外,还需要具备非凡的细心和耐心,管理者可以从员工日常表现入手,与他谈谈对自己能力的看法,比如"我留意到你工作中经常会犯粗心的毛病,你自己如何看待这一点""你有尝试哪些方法,改正粗心的毛病吗"。

比如员工反映自己之所以粗心,是因为有意外打断,导致遗忘了某些步骤,管理者就可以给出建议"当你意识到自己要遗忘的时候,就马上做一个提醒的动作,比如设置闹钟等"。

(2)个人成长目标(career)

管理者需要了解人才成长目标和公司提供的机会是否一致。管理者可以通过一些引导问题来得到答案,比如"你加入这个公司,希望实现什么目标""现在这些目标实现了吗,有哪些没有实现"。

比如某策划部员工希望尝试更多行业的客户,管理者就可以先让他通过协助形式参与某些项目,如实在无法满足此要求,也可以通过让其参与不同行业头脑风暴、项目展示会的形式,让员工感觉到被重视。

(3)薪酬福利(compensation & benefit)

管理者和人事部门需要了解薪酬福利是否满足员工期待。在这个板块,需要了解其有没有加薪的意愿,以及承担更多责任的决心。如果有意愿,可以让其主动提出可以增加的责任有哪些,然后由管理部门协商后进行反馈。

(4)企业文化(culture)

管理者需要了解人才是否认可企业文化。其中比较重要的是,员工是否认可管理者的风格。对于一些敏感问题,可以由人事部门代为询问,比如"你觉得你的领导对你的工作有帮助吗""你遇到困难的时候,管理者是如何处理的""你是否认可他的处理方式"。管理者需要告诉员工所有信息都会严格保密,由此获得真实的答案。

（5）团队氛围（chemistry）

管理者需要了解员工对目前的团队氛围是否适应。这其中最重要的就是同事关系，包括同部门与跨部门的同事关系。管理者可以通过以下问题引导，比如"在所有同事中，你最喜欢的三位是谁，为什么""你觉得其他同事身上是否有你无法接受的地方""你会如何看待这些无法接受的地方""在跨部门合作中，你认为存在哪些问题""你觉得可以如何解决这些问题"。通过不同员工的回答，管理者能了解团队成员对整个团队氛围的全貌。

思考题

1. 如果你目前的一名得力下属想要离职，你希望劝他留下来，可以通过什么方式和他沟通？请结合"了解职业目标、沟通工作规划、询问工作建议"进行思考。

2. 公司目前的业务方向要发生重大变化，很多同事的工作职责都会发生变化，作为管理者，你会如何与他们沟通？请结合"5C最佳匹配理论"进行思考。

4.3　置身真实压力：让动力具象化

接下来，管理者就要帮助下属逐步适应工作节奏了。不同管理者对于给下属压力的看法不同，如下页图所示。

这三种看法分别代表了管理者的三种态度：回避压力、强加压力、否认压力。如果管理者选择用和平常一样的语气沟通，

被看见：新任管理者的第一课

> 先不要给压力吧，万一把下属吓跑就不好了。
>
> 管理者A

> 得多想办法给下属施加一点压力，不然他不当回事！
>
> 管理者B

> 跟他说就像平时一样做就可以了。
>
> 管理者C

不同管理者对给下属压力的看法

则会让下属不够重视；如果管理者刻意施加压力，则会让下属产生"小事而已，至于吗"等想法，反而丧失动力。那么，管理者应该怎么办呢？

1. 动力来自真实的压力

让员工产生真实动力的方式，是尽快让其暴露在真实的压力之下。请看一个案例：

我的一位下属是剪辑师，很有剪辑天赋，但不太擅长排版。我给了他好几次排版教程，他都没认真看。有一次，公司接了一个短片剪辑项目，客户非常强势苛刻，当时，我做了一个大胆的决定：让他直接与客户对接，但同时我又担心他拒绝我甚至产生离职的想法。

要知道，我那名下属有严重的社交恐惧症，面对这样一位客户，肯定非常具有挑战性。

第4章 用：让能力强的人为自己干活

到了星期五,他主动给我发了一个信息,我战战兢兢地点开信息:

"视频已经完成了。之前你发我的排版教程,能再发我一遍吗?"

原来,和客户对接的过程中,他无数次因为排版问题受到客户质疑,所以决定认真学习。

真实压力能激活员工对于当下情境的判断能力,包括哪些能力是重要的,需要做哪些提升等,从而产生真正的动力。这就是所谓的"人教人教不会,事教人一遍就会了"。

也许有些管理者会质疑:他们的企业经营遇到危机时,也会给员工压力,为什么很多员工都离开公司了?

很多公司给员工的压力,是让每个员工都变成"销售",为公司争取业务,承担了许多原本不属于自己的工作,这不是真实的压力。真实压力是从员工本身的职责出发,去接触客户的真实痛点。

比如我在广告公司期间,曾经历过一次经营危机,公司希望设计部能筹划一组补充设计包,为公司带来额外收益。但设计部设计出来的方案总是不尽如人意,甚至有设计师抱怨:"这又不是我们的本职工作,公司如果总是认为我们做得不好,那我们只好离职了。"

后来公司的管理层灵机一动,让设计师参与到一次与客户的头脑风暴中。在会议上,客户提出了许多设计的想法。经过分析,设计部发现大批量处理人像是一个很有潜力的需求,于是他们在补充包中增加了这个项目。后来,客户看到补充包后非常开心,公司顺利度过了经营危机,设计部的整体工资也上涨了。

真实的压力,不是管理者刻意施加的,而是结合员工的职责和客户的痛点去发现的。

2. 提供真实压力,提升下属工作动力

管理者可以通过以下三个步骤来让下属感受真实压力:提供压力场景、明确提出期许、鼓励主动尝试。

(1)提供压力场景

首先,管理者需要让下属直接与压力源进行接触,包括但不仅限于:客户的要求、更上一级的反馈、市场的反应等。这样做的目的是让下属切实感受到自己行动可能产生的影响。如果管理者只是一味强调"这个项目非常重要",则无法产生真正的信服力。管理者可以通过让下属旁听客户会议、与用户直接接触、参与和更上一级的沟通等,提供压力场景。

(2)明确提出期许

管理者需要明确描述对下属的期许。比如"我希望你多思考"就不是一个明确的期许,而"我希望你能在每次遇到困难的时候,先花五分钟思考一下,如果没有结果再来问我"就是一个明确的期许;再比如"下次早点到"就不是明确的期许,而"下次至少提前五分钟到办公室"就是明确的期许。

(3)鼓励主动尝试

在明确提出期许之后,管理者无须给出明确的行动指南,而是鼓励下属主动尝试。这样做有以下几个原因:第一,管理者建议的方案,不一定是最适合下属的方案;第二,管理者如果每次都给出具体的执行方案,那下属就会等待管理者的方案,而不会产生真正的动力。

现在,一起来看一个案例。

案例

提供真实压力,帮下属找到意想不到的解决方案

我曾运营过一个素人创作者招募活动,要求两个星期内招到50名创作者。我派了一位颇有招募能力的下属负责这个工作。结果到了倒数第二天中午,还差10名,我让他在晚上12:00前至少招到5名。结果第二天一看,人数丝毫未变。我非常着急,想质问他为什么没有做到,但经过理性分析,我认识到他之所以没有竭尽所能,是因为没有接触到真实的压力,觉得项目没有想象中紧急。因此,我决定通过以下三个步骤,陪他一起经历真实的压力:

第一步是提供压力场景。

我把他拉进了客户沟通群,并参加了汇报会议。在会议上,客户告诉他:"如果最后一天人数还没满,整个推广计划就会泡汤,之前为项目所做的准备也会付诸东流。"随后,我分享给他活动的界面,留言区有很多用户都说期待看到优秀的作品。可以预见如果活动取消,他们会多么失望。

第二步是明确提出期许。

我把他叫到会议室,然后与他发生了如下对话。

我:"昨天我明确提出了需求,也给了你充足的时间,但没看到你的工作结果。我很怀疑是你的工作态度出了问题。"

他:"我觉得我的工作态度没有问题。"

我：" 那你觉得是什么问题？"

他：" 我觉得这是一个不可能被完成的工作。"

我：" 我希望在今天晚上 8:00 之前，10 名创作者必须招满。如果你觉得无法完成，现在就告诉我，我立即从客户组调一个可以完成工作的人来。"

这时，他突然说了一句出乎我意料的话："我觉得是工作方法的问题。"

那一瞬间，我察觉到谈话被引向了一个全新的方向。员工完不成工作，不一定是态度的问题，也可能是方法的问题。于是我给他建议，从现在开始拿出历史素人列表，一个个打电话，问他们愿不愿意参加我们的活动。

他打了几个小时后，跟我说："我不想打了，大多数人不是直接挂断电话，就是表明不愿参加。"

第三步是鼓励主动尝试。

我告诉他，再打 50 个电话，如果还是同样的结果，他可以自己找办法解决。

到了下午 4:00，他兴冲冲地告诉我，工作已经提前完成了。我问他怎么做到的，他说："通过打电话我发现，大多数人不愿意参加活动，是因为没有信赖基础。也就是说，'信赖'是参加活动的关键。所以我想了个方法，让已经参加过活动的素人，联系身边的朋友参加，每成功联系 5 个就给他一份奖励。这样我用一半的预算就把人招满了。"

那一刻，我既激动又欣喜。激动的是，这是一个我从没想过的思路，欣喜的是，他居然自己想到了一个方法，创造性地解决了问题。置身真实压力,能让团队成员迸发出意想不到的动力,从而跳出任务要求的限制,找到适合的工作方法。

---

3. 管理工具箱:课题分离、积极赋义、改写故事

在提供真实压力之后,下属在一段时间内可能会产生退缩情绪,管理者可以借用心理咨询的三种技巧,让下属重新找回自信:

(1)课题分离

知名心理学家阿尔弗雷德·阿德勒认为,一切人际关系的矛盾,都起因于对别人的课题妄加干涉,或者自己的课题被别人妄加干涉。只要能够进行课题分离,人际关系就会发生巨大改变。

比如管理者建议下属尝试某方法,下属可能会说:"这个方法虽然不错,但可能客户不会认可,而大领导又是一天一个想法,我真的不知道该怎么办。"

这句话中就包含三个课题:是否使用这个方法,是下属的课题;客户是否认可这个方法,是客户的课题;而大领导产生什么想法,是大领导的课题。

思路清晰的管理者会这样说:"你先负责将方法想出来,概括成简短的语言后我们提交给大领导批复;批复完成后,我们把方法提交给客户,得到认可后就开始执行。"

面对复杂的项目情况,管理者可以将不同人的课题进行分离,这样就能顺利往下推动,避免了迟迟无法行动导致延迟,也不会忽略了任何一方的意见。

(2）积极赋义

积极赋义在心理治疗中指的是用"目的论"的视角理解一个人,即将他的行为目的看作是合乎情理的、值得尊重的,由此让他感觉到被理解和尊重。

比如管理者发现,每次下属制作表格都要花很长时间,问其原因,下属回答:"因为每次我都要反复核对,总是担心会出错。"不太有经验的管理者可能会说:"那就少核对几遍吧,自信点。"但有经验的管理者会说:"你反复核对,说明你是一个对数据非常在意的人。我们下次可以先把可能出错的地方先列出来,一条一条对照检查,这样速度会更快。"

<u>找到下属行为中的积极目的给予肯定</u>,在此基础上再提建议,可以有效缓解他的心理压力,从而顺利完成目标。

(3）改写故事

在心理咨询的叙事治疗中,有时会运用"改写技术",即在来访者所咨询问题的基础上重新改写新的故事、新的历程,从而把单一的故事讲述成丰富多彩的故事。

比如下属找管理者抱怨:"我们花了整整三个月的时间,结果是没有一点效果,现在只能放弃了。"管理者可以这样回应:"我们这三个月的时间,主要在进行方法测试,最终得出××方法是行不通的,且及时进行了止损,并得出了一些新的结论。"

把"失败"改成"行不通",把"放弃"改成"及时止损",把"一点效果也没有"改成"得出了一些新的结论",从而<u>帮助下属通过新视角看待事件</u>。

思考题

1. 管理者小周的下属小丁做策划案总是很慢,每次客户催三四次她还没有做好,请问小周应当如何解决?请结合"提供压力场景、明确提出期许、鼓励主动尝试"进行思考。

2. 管理者小钱的下属小郑抱怨:"来公司三个月了,接的都是一些琐碎的小项目,客户也总是挑剔细节,让我觉得非常没有成就感。"请问小钱可以如何回应?请结合"课题分离、积极赋义、改写故事"进行思考。

扫码看视频

4.4 提出更高要求:让重视被体验

在下属逐步适应了工作节奏后,下一步管理者就会让他接手更大的项目了。面对这个场景,不同的管理者会对下属说不同的话(见下图)。

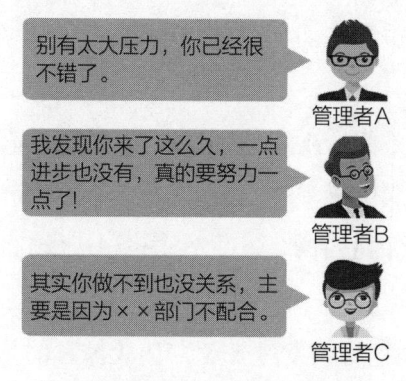

> 别有太大压力,你已经很不错了。
> —— 管理者A

> 我发现你来了这么久,一点进步也没有,真的要努力一点了!
> —— 管理者B

> 其实你做不到也没关系,主要是因为××部门不配合。
> —— 管理者C

不同管理者对提出要求的态度

上图中的三种回答分别代表了管理者的三种态度,分别是模糊性反馈、过分施加压力、把责任推卸给别人。但不恰当的提出要求的方式,可能会让下属误判真实的情况,从而无法很好地完成要求。那么,管理者应当如何提出要求呢?

1. 提高要求,是提供一种新的视角

管理者应当意识到:提出更高的要求,目的在于提供一种新的视角,帮助下属在不同的视角下看待公司和人生的目标,以更大的热情投入工作。请看下面这个案例。

在我担任运营部经理时,曾招聘过一名很有天赋的剪辑新人,当时人事部对我说:"他初来乍到,你别给他太大压力,我怕他被你吓跑了。"

但正巧,我们需要服务一名对视频要求非常高的客户,如果对方对视频满意,我们很有可能签下更大的订单。于是,我决定将这个项目作为一次对他能力的磨炼,对他提出了更高的要求。

拍完视频的当天下午,他就把视频剪了出来。我收到视频后,发现整体完成度非常好,但一些细节感觉不太流畅,给人不太舒服的感觉。

我试着写了一些修改意见,但没有发给他,而是给他发了这样一段话:"你闭着眼睛感受一下,有没有节奏不和谐的地方。"

发完之后,我内心有些忐忑,这是一个比较高的要求,不知他能不能领悟。

十分钟后,他把视频发过来了。让我惊喜的是,视频的节奏变得十分和谐。但我还不满足,又从视频中的人像是否悦目、音效是否合理等多个角度,让他感受自己剪的视频。

过了 25 分钟,他的视频没有传过来,正当我担心他承受不住压力时,我收到了他发来的视频。我发现他不仅完成了我提出的那些要求,还添加了不少自己的创作,包括男女主角深情对视时的升格剪辑(指通过放慢速度提升视频高级感的一种拍摄技巧)等,让整个视频变得更加灵动和丰满。

这件事让我意识到:对能力强的下属来说,提出更高要求不是吹毛求疵,而是提供方法帮他实现自己的目标。后来,每次剪辑时,他都会增加一些有趣的创作,有时是一段嘻哈,有时是一段自己打的鼓,他告诉我,他感觉离自己的导演梦越来越近了。

2. 提出更高要求,让人才承担更大责任

管理者可以依照以下步骤向下属提出更高要求:提供不同视角、引导发现问题、引出解决方案:

(1)提供不同视角

首先,管理者要从公司和项目的视角,帮助人才重新看待问题。比如一名运营在制作数据报表时,通常是一张一张地做,但从项目的角度出发,每一张表之间都是有关联的,因为它们反映了项目的整体情况,管理者可以从客户的需求入手,帮助该运营重新梳理表格的关系,用更科学的方式进行呈现。

(2)引导发现问题

管理者需要逐步引导下属发现无法达到要求的原因,可以通过"尝试—发现—结论"的方式进行引导:"对于这个问题,你尝试过哪些方法?""尝试的结果怎么样? 有没有什么新的发现?""你从中得出了什么结论?"

（3）引出解决方案

管理者可以让下属主动提出解决方案。因为有时候,管理者提出更高要求时,下属会表现出抵触情绪。更好的做法是,让他们自己提出解决方案,从而更好地完成要求。

请看下面这个案例。

案例

提出更高要求,协调团队内部沟通矛盾

我在广告公司工作时,下属S是一名很有天赋的文案,但有一回我接到设计部投诉,说S在和设计师沟通时,总是无法清晰表述要求,导致设计多次返工。总监请我出面协调矛盾,于是我把S叫到了小会议室。

我注意到S的情绪十分激动,因为她刚递交了加薪申请,本次投诉可能会影响到申请的结果。为了安抚她,也为了激励她实现更高要求,我决定通过三个步骤来和她谈谈：

第一步是提供不同视角。

我没有马上批评她,而是跟她说:"职场上,我们会遇到很多难处理的事,很多时候不是我们努力了,事情就会立即解决。"她点了点头,似乎被我说中了。

我又继续说:"我知道为了和设计师沟通,你一定做了很多尝试。你能把你尝试过的方法告诉我吗？我们一起来想一想解决的办法。"

她告诉我,她试过找示例图片,描述自己想要的风格,甚至自己画了样稿给他们。

我说:"那你有没有想过,为什么设计师做出的图片,和你想象的不一样?"

她仔细想了想,然后说:"因为他们不知道这张图片的目的是什么,会用在哪里。"

于是,我们就找到了一种新的视角:想要更好地传递图片需求,首先要说清楚这张图片的目的。

第二步是引导发现问题。

我问S:"你觉得你对一张图片目的的理解,和设计对图片目的的理解差异在哪里?"

她说:"第一,设计师不知道这张图片会出现在什么场景;第二,设计师不知道这张图片中哪些字或元素需要强调;第三,设计师不知道图片的作用,是为了让顾客扫码,还是单纯的品牌宣传。"

第三步是引出解决方案。

我问S:"那你会怎么解决这件事?"

她想了想,然后告诉我:"第一,我会写清楚这张图片用在什么场景,甚至可以把场景截图或拍照,让设计师更清楚图片会出现在哪里;第二,我会把重点的部分标注出来,方便设计师理解;第三,我会写明图片的作用,是让顾客具体做什么动作,实现什么目的。"

后来,S清楚了自己存在的问题,也很少和设计师发生分歧,半年后,她的加薪申请通过了,我看到她设计出的图片,也越来越精良了。

3. 管理工具箱：先同步再引领，然后无限循环

管理者对下属提出更高要求后，下属往往会有抵触情绪，这时该怎么办呢？

这里建议采用以下三个步骤：

(1) 认知同步

首先，管理者需要与下属的情绪产生共鸣，在认知上形成同步。比如管理者对下属提出了每天撰写日报的要求，却遭到下属质疑"写日报有什么用，不过是浪费时间"。这时，管理者不能任由自己被情绪控制，而是需要先肯定下属的情绪："我相信，你提出的一定是你真实的想法，而你选择在这个场合下告诉我，一定是因为你觉得这个想法非常重要。"当下属意识到自己的想法是被接纳的，其态度也会缓和一些。

(2) 引领行动

接下来，管理者就需要引领下属一起找到合适的解决方案。比如管理者可以问："那你建议用什么方式来汇报工作呢？"下属可能会说："简单地提交下文件就可以了。"我所在的广告公司里，为了方便员工制作日报，管理层最后将日报定为在线表格形式，完成者将对应的内容贴进去即可，对于没及时完成的工作，则在备注栏中说明。这样极大地提高了员工的工作效率。

(3) 无限循环

如下属还提出其他问题，管理者还需不断重复前两步的操作。比如，当下属继续质疑公司管理有问题，管理者可以说："公司在发展的过程中，确实会产生一些问题，你有这样的想法是非常正常的

(同步)。你看这样可以吗？下次来见我的时候，你可以带着自己的解决方案过来，我会根据你的方案一条一条回应(引领)。"

思考题

1. 你希望下属提高工作效率，但下属却说："我喜欢按照自己的节奏工作。"你会如何回应？请结合"提供不同视角、引导发现问题、引出解决方案"进行思考。

2. 销售部的小李找你抱怨销售利润分配不均，指责公司对待老员工不公平，你会如何处理这个情况？请结合"先认知同步再引领行动，然后无限循环"的步骤进行思考。

扫码看视频

第5章
拉：拉近与合作部门的距离

除了争取下属的支持外，管理者还需要争取到合作部门的配合。这里用到的技能是：拉。

拉，就是拉近与合作部门的距离，让他们看见共同的目标和利益。有四个动作格外重要：提出需求、明确困难、价值互换、分享战绩。

它们对管理者的价值是：通过清晰提出需求，让合作部门看见项目的价值；通过明确可能会发生的困难，让合作部门理解公司面临的问题；通过提供价值互换，让合作部门看到项目与自己的关联；通过及时分享战绩，宣传与合作部门配合后的成效。

通过这四个动作，管理者可以将合作部门拉进同一战线，得到他们的配合。

现在，让我们进入这个章节的第一部分：清晰提出需求。

5.1 清晰提出需求：让团队看见价值

接手了不少项目后，管理者终于迎来了与其他部门合作的大项目。关于如何让其他部门更好地配合，不同管理者的想法如下图所示：

> 要不我请客吃饭吧。

管理者A

> 试着用私交解决吧。

管理者B

不同管理者对于部门协助的看法

这些想法是不是行得通呢？这就要从公司合作的特点说起了。

1. 合作来自对价值的认识

在我进行部门合作的过程中，曾遇到过一件有趣的事：

有一回，公司接了一个全民营销的项目，需要本地的素人在短时间内发布100条带品牌话题的视频。到了活动的最后三天，还差15条视频，我就提议，让公司的同事一起发几条，因为大家都属于本地素人，也算符合客户的要求。

由于本部门人数不够，我派了一位下属去和其他部门沟通。结果在最后验收时发现，视频总条数少了一条，原来，是一名其他部门的同事删除了视频，而这名同事和我下属关系颇好，每天中午都会一起吃饭。

我就问我的下属："你怎么跟他说的?"

他说："我说让他发一下,回头一起聚聚。"

我问："你有没有跟他说,这条视频不能在活动结束前删除,不然会影响到项目验收?"

他很惊讶地看着我,好像朋友之间不应该说那样的话。

这件事给了我一个感悟:<u>公司内部的合作凭借私交是行不通的</u>,因为团队成员不是从公司层面考虑问题,执行时可能会出现不确定性。后来,我出面与那名同事进行沟通,说了这样三句话:"这条视频发布后,客户的 KPI 就完成了。因为 KPI 要在明日统计,所以希望明天晚上 9:00 前不要删除。KPI 可能会影响到客户的续约情况。"这三句话说清了视频对客户的价值,以及对我司的价值。后来,那名同事果然没有删除视频。

从这件事我认识到:<u>公司内部的顺利合作,来自对价值的认识,只有合作部门认识到项目能为公司和客户带来什么,合作才能顺利进行。</u>

2. 清晰提出需求,让合作部门看见项目价值

管理者可以通过下述方法,向合作部门讲清楚项目的价值:

(1) 找到共同期望

首先,管理者要找到与合作部门的共同期望。比如运营部希望产品部整理一些产品手册,这时管理者就需要意识到:产品部希望收集到来自客户的反馈,从而将产品做更多优化,那运营部就可以告诉产品部,自己部门会收集一些用户的反馈,然后整理成建议

给到产品部。这样做,不仅让产品更加优质,还让客户更满意,同时也是运营部和产品部的共同期望。

(2)展现合作价值

然后,管理者需要通过容易理解的形式,展现部门合作的价值。"让产品更加优质"不是一个容易理解的价值,而"让客户测试一下新出的5个功能,从易用性、稳定性等角度给出反馈"则更容易理解。

(3)清晰提出需求

管理者需要明确提出对于这次合作,希望其他部门具体如何配合。比如"希望在明天晚上9:00前不要删除视频"就是一个明确的需求。部分管理者对提出需求可能会有压力,于是尽可能地模糊化措辞:"你就帮个忙吧""最好别删"等,殊不知这样反而不利于部门间合作。

(4)给出合作建议

对于合作中不容易处理的部分,管理者还需给出合作建议。比如在事件营销活动期间,需要公司全体员工一起宣传,有同事表示自己的朋友圈有很多亲朋好友,不方便参与,管理者可以建议其转发到其他群,或者通过点击文字底部的"在看"参与。

下面,来看一个例子。

案例

清晰提出需求,解决合作部门不配合问题

我刚担任运营经理那会儿,接到过一个颇有挑战性的任务:针对一个集团客户的1 000名经销商,进行新媒体运营培训。

这个工作靠我一个人完成有难度,于是我向上级申请,调动客户部的人一起完成任务。

申请是通过了,但由于是义务配合,大家积极性都不高。工作了几天,就有成员因为各种理由推脱工作,甚至出现了前一天晚上安排好了培训,第二天讲师无法出席的情况。我问自己:究竟是哪里出了问题?

然后我突然发现:大家之所以不配合,是因为他们潜意识里觉得,这还是"其他部门"的工作。但如果他们发现,这些工作其实并不是和他们毫无关系,态度会不会改变?

我通过四个步骤来与其他部门的同事沟通:

第一步是找到共同期望。

第二天,我取消了固定的晨会,而是把所有人叫到了大会议室,开了一个项目动员会。在开会前,我观察到,客户部的员工因为近期业务繁忙,已经连续几天加班了,但大家的斗志还是很高。于是,我找到了与客户部的共同期望:希望客户满意,为客户提供价值。

第二步是展现合作价值。

会上,我没有大谈特谈项目的重要性和紧急性,而是打开了一份幻灯片,上面有我精心收集的 50 个"人设"迥异的新媒体账号,有的变身行业专家,有的化身搞笑达人,为受众带去贴心的购买建议。

我说:"这就是我们近期优质的客户账号。我相信各位客户部的同事,每天对接都很辛苦。很多时候,客户不会对你直接表达感激。但我相信,看到这些账号的进步,我们至少不会怀疑自己工作的意义和价值。"

有些同事的眼眶湿了,他们想起无数个日日夜夜,为了应对客户要求付出的努力。更重要的是,他们忽然意识到:其实没有一项工作一定是"这个部门"或者"那个部门"的。因为我们，原本就是一个团队。

第三步是清晰提出需求。

看到大家都若有所思，我清晰提出了自己的需求："希望之后大家能提前五分钟到培训场地，如有情况不能参与，需要提前一天告知，并安排好替代的同事。"

第四步是给出合作建议。

考虑到客户部经常会有临时要见客户的情况，我建议："每个人可以提前录好一段替补视频，不用太长，主要用于突发情况，如果当场不能参与，可以在培训上播放，之后再补培训。"

在那之后，我发现推脱工作的现象明显减少了，甚至有几位同事通过短期的磨炼，真的成了出色的讲师，在其他项目中也开拓了培训板块。这件事让我明白了基于共同立场清晰提出需求的重要性。

3. 管理工具箱：RIDE 说服力模型

在我担任管理者的生涯中，注意到一个有意思的现象，同一个需求，用不同的方式说出来，效果会完全不同。我对成功提出需求的方式进行了总结，发现它们都符合 RIDE 说服力模型，即风险（risk）、利益（interest）、差异（difference）、影响（effects）。

（1）风险（risk）

首先，管理者要说清楚，如果不解决这个需求会有什么风险。比如同样是让技术部把程序漏洞修复，有的管理者就会轻描淡写地说："有空帮我把这个程序漏洞修一下。"但每次我去沟通的时候，都会说清楚如果不修复，会造成什么影响，比如"客户在下午 4:00 前要汇报,如果这个程序漏洞没有修复,客户汇报时就没有数据,可能会影响我们的合作"。这样,技术部就会更加重视,不拖延工作。

(2)利益(interest)

然后,管理者要说出实现这个需求,会解决什么问题。比如有一次,我发现产品的分享页面里,缺少一个分享到微信的图标,于是我就做了一个简单的统计,告诉技术部如果添加了这个图标,每天可能会避免500~600名潜在客户的流失。第二天,技术部告诉我,虽然他们手头还有其他项目,但这个微信的图标他们已经给我加上去了。

(3)差异(difference)

随后,管理者还要说出这个需求有什么特别之处。比如,我所在的运营部要请设计师做一套海报,但由于设计部每天都有很多图片要设计,可能不会花太多心血,所以我每次沟通前,都会注意总结一下这个海报的特别之处,比如"这张海报最终会放在客户官网最显眼的位置,每天都有1万左右的人观看,这张海报直接决定了观众要不要点击活动了解"。

(4)影响(effects)

最后,为了避免需求被质疑而搁置,管理者还可以适当说说目前的方案还有什么不足。比如,技术部如果怀疑添加某个图标的必要性,我会说:"其实我也担心,这个图标放上去观感有些奇怪,所以如果实在不合适的话,我们可以把这个功能放在下面菜单栏里。"说出替代方案,让团队成员有更多选择。

思考题

1. 策划部主管者小李希望公司的设计师,能参与到由策划部主导的分享会中,但设计师说:"这是你们部门的工作,和我们部门无关。"小李该如何回应?请结合"找到共同期望、展现合作价值、清晰提出需求、给出合作建议"进行思考。

2. 客户部经理小张希望设计部能出一套规范化的设计模板,从而方便与客户沟通,小张应该如何与设计部交涉?请结合RIDE说服力模型进行思考。

5.2 明确可能困难:让组织看见问题

和其他部门建立了初步合作之后,管理者面临一个重要的挑战,就是告诉其他部门自己遇到的问题和困难,并请他们提供帮助。比如,某管理者在执行项目时,遇到了资料不足的问题,他向其他部门同事要资料时,发生了下图的对话:

该管理者与其他部门同事的对话

这个对话反映了许多管理者面临的窘境：自己部门遇到的困难很难向其他部门求助，因为其他部门的同事很容易认为"这是你们的困难，和我们部门无关"。但事实真的是这样吗？

1. 几乎所有的部门问题，都是组织问题

比如，运营部和财务部是两个互补相关的部门吗？管理者可能会回答：业务交集确实很少。但在与我司财务部沟通的过程中，我有了一些新的发现：

有一段时间，财务部经常抱怨我所在的运营部提交报销单据不及时，甚至跟公司高层发邮件反映了这个问题。但我们其实也有苦难言：很多客户的活动都是临时性的，有时没法马上提供单据。另一方面，我的下属也经常找我抱怨：因为公司流程复杂，财务没法很快审批报销，导致供应商的款项无法及时支付，甚至有的供应商终止合作，导致项目进度延误。

于是，我把财务部的员工与我们部门的员工拉到一起，开了一个会。在会上，我们得出了以下结论：

- 因为很多员工的报销单据提供不及时，因此财务部规定，一定要有单据才能报销。
- 因为财务部对一些临时需求无法及时报销，导致运营部无法向供应商预支款项，所以合作进度被延误。
- 因为合作进度被延误，所以运营部无法及时提供单据。

我们发现，其实这个过程中的每一环都是相互连接的，只有解决了其中一环，才能让整个局面得到扭转。因此我提议：第一，运营部承诺在没有临时活动的情况下，及时提供报销单据；第二，财务部协助运营部向上申请特批款,在临时项目期间可以及时调用;第三,财务部与运营部在每月固定时间沟通,确保当月没有任何报销遗留问题。

最后,在双方的努力下,运营部申请到了特批款,而报销单据提供不及时的问题也得到了解决。

这件事让我明白:几乎所有的部门问题都是组织问题,因为每个部门之间都是相互关联的,每个人都是组织的一部分。

2. 三个步骤,让组织看见困难

以下三个步骤能让组织看见管理者的困难:

(1) 找到牵头人员

首先,管理者需要找到合作部门中真正在意问题的人员,请他们一起分析问题。合作部门的同事,之所以愿意帮助管理者,是因为他们是真正在意这件事的人。他们在意它能不能被做起来,怎样做更好。而管理者要做的,就是让他们看见真正的问题。

(2) 总结困难场景

然后,管理者需要和合作部门一起总结困难发生的场景,从而得出有用的结论。比如在上述与财务部沟通的事例中,报销单据提交的困难主要发生在一些临时项目中,如果解决了这个场景下的问题,困难就会迎刃而解。

(3) 拆分行动方案

最后,管理者需要拆分出不同部门的行动方案。比如在申请特批款的流程中,财务部负责设计特批款的发放流程,运营部负责总结临时项目的特征,方便财务部完成这个过程。

下面让我们来看一个案例。

> **案例**
>
> **从各部门痛点入手,解决官网资料缺失问题**
>
> 来到智能营销公司没多久,上级就给我安排了一个任务:对公司目前的官网做一个全面的更新,两个星期过去了,公司和产品介绍的部分已经有了雏形,但我在制作案例库的板块时遇到了困难:公司目前的案例库很陈旧,许多新的案例都缺少资料。
>
> 我给每个部门的负责人发了一封邮件,要求他们配合我提供资料,但过了一周,还是没有一个人提供资料,甚至有些部门指定不熟悉业务的新员工配合我完成工作。眼看着官网初稿截止日期逼近,于是,我决定约各部门的员工一起开个会。
>
> 第一步是找到牵头人员。
>
> 需要配合提供资料的部门包括销售部、客户部和产品部。首先,我先找到了销售部,了解最近的产品销售情况,在此过程中我发现有一款T字打头的产品,最近销售遇到了瓶颈,于是我问负责该产品线的销售,有没有空和我一起聊一聊,她欣然同意。然后,我又来到了客户部,了解到有一位客户经理最近想要做出业绩,为自己的升职做准备,于是我也请她加入了会议。接着,我又来到产品部,了解到有一名产品经理最近在整理产品的新功能点,但苦于不知道如何用市场化的语言描述出来,于是我告诉他我能提供帮助。

第二步是总结困难场景。

在会议上,我把困难总结为:案例中的卖点不清晰、案例细节模糊,以及功能点不吸引人。首先,我先询问了那名销售,平时都会给客户介绍哪些卖点,她说:"我发现,官网上总是强调产品针对的是有大量广告账户的客户,但实际接触下来,这样的客户并不多,更多客户只有一个广告账户,但有大量广告要上新。"我又问了那名客户经理,为何很多案例细节模糊,她说:"因为平时客户部很少做案例总结,导致一些关键的数据没有被记录。"我再问了那名产品经理,哪个功能点是最强大的,他说:"是广告智能上新功能,客户可以在 0.8 秒内上新 200 个广告。"

于是,我们得出如下结论:官网需要弱化大量账户的措辞,转而宣传快速上新广告的卖点,案例细节也需要针对这方面进行展开,即帮助客户提升了多少效率,而这也不需要过多的数据记录,能通过简单计算得出。

第三步是拆分行动方案。

在明确了行动方向之后,我请那名产品经理将卖点总结成三句客户能理解的语言,然后请那名产品经理,对卖点中的一些具体功能措辞进行优化,最后,我请那名客户经理计算出产品提升效率的具体数据,把案例的细节进行补全。

最后,公司的官网如期上线,那名销售通过官网收获了不少新客户,那名客户经理也成功让几名老客户续费,而那名产品经理也从官网中提炼出了不少语句,优化了产品手册。

3. 管理工具箱:乔哈里视窗

如何更有条理地分析困难,并得到相应的帮助?管理者可以通过乔哈里视窗(Johari Window)来协助自己。乔哈里视窗是一种关于沟通的技巧和理论,也被称为"自我意识的发现——反馈模型"。这个理论最初是由乔瑟夫和哈里在20世纪50年代提出的。视窗理论将人际沟通的信息比作一个窗子,它被分为四个区域:开放区、隐秘区、盲目区、未知区(见下图),人的有效沟通就是这四个区域的有机融合。

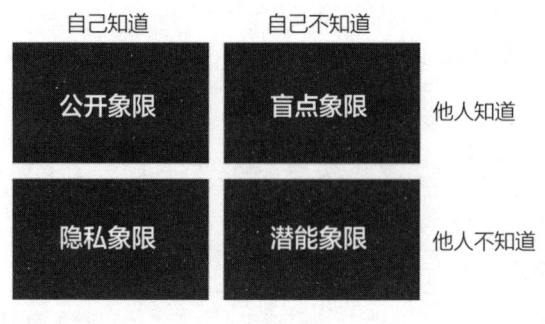

	自己知道	自己不知道	
	公开象限	盲点象限	他人知道
	隐私象限	潜能象限	他人不知道

乔哈里视窗

(1)公开象限

公开象限是自己知道、别人也知道的信息。管理者需要注意的是:开放区具有相对性,有些事情对于有些部门来说是公开的信息,而对于有些部门可能不是,比如在与财务部沟通的事例中,运营部经常会接到临时项目,对财务部就不是公开信息,而财务部是因为很多员工的报销单据提供不及时,才对报销流程定得很严苛,这对运营部来说也不是公开信息。在实际工作中的人际交往中,共同的公开象限越多,沟通起来也就越便利,越不易产生误会。

管理者可以通过多方会议的形式,向每个部门提问,从而了解真正形成困难的原因是什么。比如运营部可以问财务部:"为什么报销的规定这么严苛?是有什么原因吗?"财务部也可以问运营部:"为什么报销单据提交总是不及时?是遇到了什么困难吗?"这样才能厘清事情的全貌。

(2)隐私象限

隐私象限是自己知道、别人却可能不知道的秘密。不同的部门可能都有不想让其他部门知道的秘密,比如运营部最近因为供应商支付不及时,丢失了客户,这可能会显得管理者能力不足。但在有效沟通中,适度地打开隐藏区,是增加沟通成功率的一条捷径。

管理者可以通过事实+分析+澄清+结论的句式袒露自己的隐私象限:"说实话,运营部最近丢了一个客户(事实),这主要是由于供应商款项没有及时支付造成的(分析),这当然不都是因为财务流程死板导致的(澄清),但我们发现能不能预支款项,对项目进度有较大影响(结论)。"

(3)盲点象限

盲点象限是自己不知道、别人却可能知道的盲点。比如运营部并不清楚财务部是如何制定报销流程的,这些信息可能并不方便公开,但管理者需要尽可能了解和自己部门相关的部分。

管理者可以通过风险询问的方式缩小盲点象限,比如运营部可以问财务部:"报销流程有没有可以通融的空间?如果设置通融的空间,可能会有什么样的风险?"

(4) 潜能象限

潜能象限是自己和别人都不知道的信息。比如公司是否能同意设置特批款，设置特批款后可能会遇到什么问题，这就需要将可能的问题进行报备，然后与公司共同决策。

管理者可以通过写报备邮件的方式，让公司了解这些未知的问题，比如"公司之前有没有特批款的先例？如果项目意外终止，如何处置特批款？如果项目未实现理想效果，特批款将做什么调整？"，通过提前设置行动方案，避免风险。

思考题

1. 如果公司让你主导一场客户培训，培训需要其他部门的参与，但其他部门热情度不高，你会如何和他们沟通？请结合"找到牵头人员、总结困难场景、拆分行动方案"进行思考。

扫码看视频

2. 运营部主管小陈发现技术部响应自己的需求总是不及时，但技术部表示已经很努力响应需求了，小陈应当如何与技术部沟通？请结合乔哈里视窗进行思考。

5.3 提供价值互换：让伙伴看见关联

与其他部门合作了一两个项目后，管理者发现越来越多的项目需要其他部门协助，甚至需要长期的帮忙。这时候怎么办呢？有的管理者会说：提供价值互换。

比如管理者 A 让产品部写一个需求文档,下次产品部需要翻译产品文件的时候,A 可以助他一臂之力;或者 A 让市场部帮忙培训客户,下次市场部需要做 H5 页面的时候,A 可以派团队同事协助。

这听起来很合理,但有一个问题:当跨部门需要配合的工作量很大时,管理者不再有足够的资源可以互换。管理者不可能说:"那我承包市场部下半年所有的 H5 需求吧。"那公司就需要重新考虑这个部门的定位了。

那怎么正确地进行价值互换呢?

1. 正确的价值互换,是建立工作关联

管理者可能没有意识到的一个事实是,每项跨部门的工作背后,本身就存在着关联的价值,而管理者需要做的是让这些关联被看见。比如管理者陈小姐就做过这样一件事:

当时,陈小姐被公司指派负责一个数字化改革项目,这个项目要求各部门将原有的业务移到数字化系统中,以便进行数字化管理。这个项目的第一步,是收集各部门对现有业务的想法。但这项工作的推进遇到了困难,很多部门提交想法都不及时,导致工作无法开展。

在请各部门吃饭、帮各部门分担业务无果后,陈小姐灵机一动:大家之所以不配合,是因为之前的沟通都是以邮件的形式为主,但没有人会去仔细阅读其他部门的邮件,所以不存在紧迫感。于是,第二天,陈小姐请打印店制作了一棵"业务树",贴在了各部门必经的走廊里,大家每产生一个想法,都贴到树的不同部分里。

一开始,一些部门负责人为了给高层留下好印象,会贴一些想法到业务树里。但时间长了,大家发现,一些部门如果无法提供想法,会导致另一些部门无法进行下一步,因此不同的部门间开始互相催促,最后这项工作很快就完成了。

陈小姐的事例给了我一个启发:如果管理者可以让工作关联被看见,那么部门之间就会自发地交换价值,请其他部门帮忙也不再是难事。

2. 通过找到工作关联,进行有效价值互换

管理者可以通过如下步骤找到与合作部门之间的工作关联:

(1) 发现同一目标

不同部门的目标是不同的,但总有一些小目标是类似的,管理者可以通过这些小目标来撬动合作。比如在陈小姐的例子中,向公司展现自己部门的高效形象,就是不同部门的同一目标,因此部门间会互相催促,确保这一目标完成。

(2) 主动贡献价值

随后,管理者可以通过主动贡献价值的方式,打消其他部门的顾虑。比如陈小姐主动制作了一棵"业务树",方便公司可以一目了然地看到不同部门的价值,这就能建立基础的信赖感,方便下一步合作的进行。

(3) 明确行动指令

最后,管理者针对不同部门的特点,给予明确的行动指令。比如陈小姐可以告诉各部门的员工,应该填写在什么位置,如何与其他部门进行配合等。这样可以避免合作混乱,推诿责任。

下面,请看一个案例。

案例

建立工作关联,让各部门自觉配合培训工作

我担任运营部经理时,有一项重要工作就是给客户旗下的100多名供应商进行直播培训。问题是:当时我是一名直播小白,对直播一窍不通。想要产出高质量的培训内容,必须让其他有关部门先对我进行培训。但大家都很忙,怎么让他们配合我的工作呢?

当时我想了很多方法,比如让各部门提供现有文件,供我进行研究,约各部门负责人的时间,让他们对培训出谋划策,但响应度都不是很高,多次出现其他部门不回复邮件,或者发出简单资料后就没有下文的情况。后来,我意识到:其他部门之所以积极度不是很高,是因为没有看到这项工作和他们的关联。

如果他们发现,我的工作不仅没有给他们带来麻烦,还能帮他们解决原本头疼的问题,会怎么样呢?

于是,我改变了策略,通过三个步骤来与他们进行沟通。

第一步是发现同一目标。

我给每个部门的负责人分别发了私信,问在直播上有没有我能帮他们一起完成的工作。

结果,有几个部门很快回复了我的信息,比如投放部,就提议在第二天上午和我一起开一个直播讨论会。

在讨论会上,我问投放部的负责人,在直播上遇到了什么难题。他开始向我倒苦水:

"投流的时候,供应商总是不太配合。比如人数开始上涨的时候,他们没有做留人动作,反而一个劲地介绍售后服务,结果人数噌噌往下掉,导致每次直播报告都很难看。"

于是,我发现了与投放部的同一目标:让客户直播有更好的表现。

第二步是主动贡献价值。

我说:"那你有没有想过,供应商之所以不配合,是因为缺乏必要的直播基础知识。如果能对他们进行专业培训,用不了一个月,所有供应商的数据都会有明显的提升。"

他点了点头,似乎很认同我的观点:"那你建议怎么对他们进行培训呢?"

我说:"除了常规的技巧讲解外,我建议提供留人话术模板。这个话术模板可以由我们部门负责整理,但需要你提供相关的背景知识。"他同意了。

第三步是明确行动指令。

在这个基础上,我进一步提出了自己的需求:

"为了帮助供应商更好理解课程,我希望你能协助在培训时进行答疑,对一些专业的技巧性问题进行讲解。"这方面他也答应了。

后来,我又通过相似的方法,争取到了市场部和销售部的支持。比如,对市场部负责人,我是这样说的:"市场部最重要的就是产出真实、生动的案例,我们可以培训供应商如何做店铺活动,然后把活动的过程写成案例,一定有很多客户愿意看。"

而对销售部的负责人,我说:"潜客最看重的就是行业经验。如果你也能加入培训,一定能发现细分行业中其他人没有发现的痛点,这样跟客户谈判时也更有说服力。"

最终,他们都同意加入培训中来,因为他们看到了培训工作和他们的关联。

++

3. 管理工具箱:价值互换的三要法则

跨部门合作的工作是非常琐碎的,很多时候不能用一套固定的流程来概括,这里建议管理者通过"三要法则"更好地进行价值互换。

(1) 日常交往要密切

在本节的所有案例中,管理者之所以能有效地推进合作,是因为平时与其他部门有密切交往,因此很容易发现其他部门的需求。比如技术部门想请运营部门帮忙测试产品,如果连运营部会有哪些运营场景都不知道,就很难得到配合。而如果技术部平时会和运营部聊聊天、吃吃饭,就更容易知道类似"优惠券发放是一个集中需求,适合产品测试"这样的信息。

(2) 推进工作要坚决

尽管部门同事之间可能存在友谊关系,但对于合作中出现的问题,管理者要坚决地指出。比如市场部向运营部提供资料,尽管是义务帮助,如果资料本身存在错漏,也很有可能会影响到客户运营的效果。

怎么恰当地指出同事的问题呢?有个公式可以教给大家:私下指出问题、书面留下结论、公开宣布成果。也就是说,在最初指出问题的阶段,管理者可以约合作部门的同事到小会议室,泡上两杯咖啡,真诚地指出问题所在,这样可以为同事保留面子;在会议中得出的结论,可以通过邮件形式抄送双方部门,这样留下书面依据,防止未来出现纠纷;对于问题解决后的成果,要公开宣传,让公司看到同事的贡献。

(3)复盘收尾要周到

很多项目合作之后,由于涉及多个部门的责任,管理者往往会疏于复盘整理,导致项目的经验没有被很好地吸收,这是不可取的。管理者应当安排好复盘收尾工作。

首先,管理者要指派一个书面记录的总负责人,这个人往往是管理者信任的下属,他来整理从各部门收集的内容;然后,管理者需要和部门代表沟通,告知需要提供哪些复盘资料;最后,管理者会将复盘的结果上传公司,并抄送所有部门的同事,必要的话可以开一个复盘大会,详细探讨从本次合作中吸取的经验。

思考题

1. 客户部经理小高提议在客户月报的基础上制作周报,更好地为客户服务,但这样就需要其他部门每周提供一次数据。小高可以如何与其他部门的同事沟通?请结合"发现同一目标、主动贡献价值、明确行动指令"进行思考。

扫码看视频

2. 技术部要开发一个新功能,前期要采集很多市场需求,技术部的领导应当如何与其他部门配合?请结合三要法则进行思考。

5.4 及时分享战绩：让公司看见成效

在一次部门合作接近尾声的时候，管理者除了要复盘，还需要做一件重要的事情，那就是分享这次合作取得的成绩，让公司感谢所有同事的付出。为什么呢？

因为这时候，恰恰是团队成员最容易懈怠的时候，大家觉得项目快要结束了，自己的使命也完成了，不需要全情投入了，这就很容易导致项目出现差错，前功尽弃。而趁着这个机会，让同事的努力被看到，也能激发他们站好最后一班岗的决心。

很多团队领导会有一个困惑：自己也分享战绩，但其他同事好像根本不买账，项目积极度也没有提高。为什么呢？因为他们是这样分享的(见下图)。

管理者：截至今日，团队共达成播放量×万，目前这个数据还有点低，请大家继续努力！

部分管理者的汇报方式

这样分享，只能让公司看到项目的整体成果，却不能看到每一个同事具体的贡献，因此大家积极性不足也不奇怪了。那如何正确地分享战绩呢？

1. 分享战绩，是让每个人的影响被看见

这里就要分享我从某知名企业前战略运营专家大 C 那里学到的经验了。前面我分享了和他一起做汇报的出色案例，其实他在

分享战绩时也有独特的方法：

他在分享战绩时会采用<u>结论</u>+<u>贡献</u>+<u>行动要求</u>的形式，比如："从业绩结果上来看，品牌是认可目前任务的效果的（结论），感谢××收集的用户反馈（贡献），现在需要进一步扶持创作者，需要××明天上午 9:00 参与会议，一起探讨（行动要求）。"

"从产品上来看，客户对功能基本满意，但对于品牌管理者而言，体验上仍然存在一些硬伤和不足（结论），××等同学在运营管理的同时，也积累了很多对产品的优化建议（贡献），下一步需要整理反馈给产品部门（行动要求）。"

整个战绩汇报会分为 6~7 个部分，每个部分都有一个结论，涉及的人员包括市场部、客户部、技术部、产品部、人事部、财务部等，甚至公司的 CEO，这样每个人都能在战绩汇报中找到自己的成果，以及自己需要干的事。

但其实，之前的战绩分享并不是这样的形式，而是只强调集体的贡献："今天共有××名创作者参与，上传××条符合要求的视频，共计××播放，目前这个播放量比预期略低，需要大家一起努力。"但后来发现，要做一些具体的推动时，其他部门的伙伴总是迟迟不行动，有一次，大 C 忍不住给所有部门约了一个会议，在会上，同事们反映："每次分享战绩，都只有你们运营部的人参与，其他的伙伴也做了贡献，却没有被公司看到。"

从那以后，大 C 会注意把所有同事的贡献和行动要求都展示出来。这件事让我认识到：<u>分享战绩，是让每个人的影响被看见</u>。

2. 分享战绩的有效公式

管理者可以采用开放结论+具体到人+提供进展+事事闭环这

个公式,进行战绩分享。

(1) 开放结论

首先,管理者要给出开放性结论,而不是封闭性结论。比如"客户对功能满意"就是一个封闭性结论,听起来好像没什么努力的空间,而"客户对功能基本满意,但体验上仍有一些不足"提供了讨论的余地,也更容易引起注意。

(2) 具体到人

然后,管理者要提及具体的人,以及他们的贡献。"感谢××部门的贡献"虽然是不错的措辞,但无法让具体的人产生动力,只有聚焦到具体的人做的事上,才能自然地引出行动要求。

(3) 提供进展

此外,管理者不能只分享结果,也要分享项目取得的进展。比如"××等同学在运营管理的同时,也积累了很多对产品的优化建议",好的进展不只是项目本身的进展,更是对公司整体业务有启发性的突破。

(4) 事事闭环

对于需要跟进的事项,管理者要设置截止时间方便追踪。比如可以附上文档链接,在下一次更新进展的时候,让所有人看一下有哪些项目还没有完成,这样能保证每件事都顺利解决。

案例

巧妙分享战绩,激励店铺完成营销活动

有一回,我们接了一个百货集团的客户,客户的需求是通过我

们的智能营销产品,每年完成不低于50场营销活动。在试运营阶段结束后,集团请我们在所有店铺负责人面前做一次汇报。这是一个分享战绩的好时机,如果能顺利激励店铺的斗志,集团有可能与我们签下一阶段的合作。

我观察到,虽然店铺都有使用我们的智能产品,但不同店铺的积极性相差很大,活动举办的情况也不尽如人意如果这个问题不解决,后续可能会影响到合作。于是,我通过以下四个步骤开展战绩分享。

第一步是开放结论。

在汇报的一开始,我先列举了过去两个月试运营取得的突破:"在过去的两个月中,总粉丝数增长突破十万,冷启动涨粉目标完成。除标杆明星号有快速成长,还出现了较多有潜力的素人账号。"

然后,我话锋一转:"但整体参与率有待提高:目前任务参与率为58%,门店间差异较大。"通过这个开放式的结论,引发了大家的思索。

第二步是具体到人。

我列举了参与度最高的三家店铺,以及最低的三家店铺。但我没有把讨论点局限在店铺层面,而是具体到了每个人:"我观察到,A区商厦虽然参与度较高,但主要的活动业绩是店长贡献的,希望店长能多带动店员参与;B区商厦虽然整体参与度较低,但有一名店员一个月涨了一千粉,希望能多进行内部分享,带领大家一起进步。"

第三步是提供进展。

我进一步分析道:"我注意到,有一些店铺的粉丝量增长迅速,这些店铺都有一个共同点，那就是借助我们的产品，持续经营自己的人设，这对我们有很大的启发，人设的完善度对于涨粉有很大的影响。"我看到不少人点了点头。

第四步是事事闭环。

于是我顺理成章地提出："从今天开始，我会通过在线文档，时时记录每家店铺的人设完成情况，如果没有完成会及时督促。"

就这样，我通过分享战绩的公式，顺利激发了店铺完成营销活动的斗志，集团也与我们签了下一阶段的合作。

3. 管理工具箱：SB7（story branding 7）故事框架

管理者如何分享战绩，可以给公司留下深刻的印象？这里我想推荐 SB7 这一故事框架，即"一个人，遇到一个问题，碰到一位向导，制定一个计划，开始采取行动，最终产生了什么好的结果，避免了什么坏的结果。"

这个框架由美国品牌作家唐纳德·米勒在他的畅销书《你的顾客需要一个好故事》中首次提出，主要为了帮助企业通过讲好品牌故事的方法，获得客户的信赖。在我的另一本书《高光面试法》中曾提到过这个框架，这里也同样适用。

比如：我（一个人）在进行客户数据统计的过程中，发现有很多重复的数据可以用公式处理（遇到一个问题），这时我想起产品部有几位数据分析师（向导），于是我决定通过培训解决这个问题（计划）。我邀请了分析师给我的团队开展了三次培训（行动），通过培训，我们团队的工作效率提升了30%（好的结果），之前因为统计复杂导致项目延期的问题,再也没有发生过(坏的结果)。

通过这个框架,能顺利凸显其他部门同事在这件事中的影响,也能让公司更清晰地看到合作的成效。

思考题

1. 在最近的一次战绩汇报前,管理者小周注意到产品部存在拖延进度的问题,小周可以如何通过战绩分享巧妙指出?请结合"开放结论、具体到人、提供进展、事事闭环"进行思考。

2. 在一次部门合作中,技术部帮运营部主管小丁解决了不少紧急难题,小丁可以如何在战绩汇报时向技术部表达感谢?请结合 SB7 故事框架进行思考。

第6章

管：管理一支实干型队伍

管理者在公司站稳脚跟之后，就要开始投入长期的团队建设中了，这时候需要学习的技能是：管。

管，就是从商业目的出发来管人，让团队看见客户的真实需求和挑战。

这里建议管理者逐步完成这四件事：用目标管人、用策略管人、用指标管人、用流程管人。

这四件事的目的是：通过用目标管人，让团队理解某件事为什么要做；通过用策略管人，让团队理解这件事怎么做更好；通过用指标管人，让团队清楚这件事要做到什么程度；通过用流程管人，让这件事可以持续做下去。

6.1 用目标管人：让商业目的被看见

在这一节的开始，我想先问管理者一个问题：目标是什么？

有的管理者会回答：目标就是一个个具体的行动指令，比如让下属去添加客户好友、给客户打电话等。这样的理解有什么问题吗？下图为某管理者与下属的对话：

管理者：上周让你去添加客户好友，情况怎么样了？

下属：加了，但对方还没通过。

管理者：还不快打个电话催一下？

下属：好的。

20分钟后

管理者：催了吗？

下属：打过电话了，但客户没接。

某管理者与下属的对话

这就是很多管理者对"用目标管人"的理解，但随着下属人数增多，管理者也愈感疲乏，甚至产生了这样的抱怨：目标我已经说得很清楚了，为什么下属不会主动去克服困难呢？这样的想法，可能反映出管理者对目标的本质缺乏认识。那目标究竟是什么呢？

1. 目标，是达成商业目的步骤

目标，虽然被拆分成一个个具体的行动指令，但从根源上来说是达成商业目的的步骤。比如让下属添加好友,其根本目的是与客户建立联系,完成合作,促进公司盈利。但如果管理者只说目标是"添加客户好友",那下属自然会把目标当成最终目的,对方没通过就不会继续添加了。

美国著名社会心理学家爱德华·德西在《内在动机》这本书中,提到了增加内在动力的三大因素:自主能力、胜任能力、关系需求。其中自主能力的部分指的是可以自己做主。这就意味着:如果管理者能把做这件事的目的告诉下属,并让他自己选择完成的方法,会激发下属的动力。

这里,我想分享一个我在广告公司时遇到的案例,帮助大家更好地理解目标和商业目的的关系。当时,公司的目标是建立一个商业洞察库,指派我带领一组实习生一起完成这项工作。前期的洞察收集过程非常枯燥,很多实习生干了没多久就不胜其烦,甚至萌生了离职的念头。

渐渐地我发现,实习生们之所以觉得这个工作枯燥,是因为他们不清楚这个洞察库面向的是哪些客户,能为他们解决什么问题。除此之外,我还注意到部分实习生对商业咨询的工作很感兴趣。于是,我选了某个下午,给大家培训了商业咨询的相关知识,并告诉他们,客户的生意中存在很多挑战,而洞察报告能帮助他们更好地做决策。比如,很多传统食品行业的客户面临的挑战不是缺乏流量,而是缺乏年轻消费者的关注,而对于年轻消费者的洞察恰恰能帮助他们解决这个问题。慢慢地,实习生们做案例库的时候,也能针对客户的痛点提出自己的思路。

从这件事中我发现:管理者不仅要让下属了解目标,更要让他们理解目标背后的商业目的,这样才能激发他们的内在动力,更加出色地完成任务。

2. 用好四个元素,用目标来管人

管理者可以通过SWOT模型让下属更好地理解目标,最终实现用目标管人。该模型中包含四个元素:优势(strength)、劣势(weakness)、机会(opportunity)、威胁(threat)。

(1)优势(strength)

优势是组织机构的内部因素,具体包括:有利的竞争态势、充足的财政来源、良好的企业形象、技术力量、规模经济、产品质量、市场份额、成本优势、广告攻势等。对于下属来说,优势意味着实现了这个目标对自己和公司有什么帮助。

(2)劣势(weakness)

劣势也是组织机构的内部因素,具体包括:设备老化、管理混乱、缺少关键技术、研究开发落后、资金短缺、经营不善、产品积压、竞争力差等。对下属来说,劣势意味着不实现这个目标对公司和自己有什么负面影响。

(3)机会(opportunity)

机会是组织机构的外部因素,具体包括:新产品、新市场、新需求、市场壁垒解除、竞争对手失误等。对下属来说,机会意味着实现了这个目标能为客户带来什么新的突破。

(4)威胁(threat)

威胁也是组织机构的外部因素,具体包括:新的竞争对手、替代产品增多、市场紧缩、行业政策变化、经济衰退、客户偏好改变、突发事件等。对下属来说,威胁意味着不实现这个目标对客户有什么负面影响。

下面,请看一个案例。

案例

用好 SWOT 模型,让设计部接受高难度需求

我在广告公司担任管理者期间,有家制造业公司对我司的设计服务不太满意,往往一张图片要修改很多次,浪费了大量时间。经过仔细观察,我发现这其中的主要原因,是客户对于一些元素的标准和我们不统一。于是我主动提议,让客户购买一套我们公司设计的标准化模板,日后的图片都在这个模板的基础上进行设计。

客户同意了这个方案,但当我将这个需求传达给设计部时,却遭到了反对,他们说:"之前的图片都是直接设计,但现在要设计一套模板,这不是增加我们的工作量吗?况且设计模板对元素的细节要求非常高,我们之前也没有相关经验,这也太为难我们了。"

我意识到:设计一套模板虽然是一个很具体的目标,但由于团队对背后的目的不理解,因此缺乏动力。于是,我跟设计部所有成员约了一个会议,在会议上,我用 SWOT 模型与他们沟通。

第一步是阐述优势。

我注意到不少设计师会在朋友圈转发一些知名品牌的图片,也会关注这些品牌的账号,于是我说:"你们有没有发现,当你们看到一些知名品牌的图片时,一眼就能认出是哪个品牌,即使周围没有文字说明。大家能举出一些例子吗?"

设计师们开始你一言我一语,聊起他们钟爱的品牌,我趁热打铁说道:"这是因为这些品牌的设计,是基于一套标准化的流程,对色彩、阴影、排列等都有明确的规定。而作为一名设计师,未来可能接触到许多知名品牌,标准化能帮助大家培养对细节的敏感度。"我看见几个设计师若有所思地点点头。

第二步是说明劣势。

然后我接着说道:"现在,大家每天都要花费很多时间修改图片,这是因为客户对元素的标准与我们不同,有了标准化模板,我们每天就可以节省很多修改的时间,把时间用到如何让图片更美观上。"有几名设计师认同了我的看法,但也有几名设计师表示了怀疑:"设计了这套模板,真的能减少修改频率吗?"

第三步是分析机会。

我回答道:"客户之所以频繁地提出图片修改建议,是因为他们正在筹备上市,希望建立更加清晰的品牌形象。如果有了这套模板,就没有人能质疑品牌形象不清晰,因为所有元素都有明确的标准,那么,他们就能把精力投入其他跟上市相关的工作中。"

第四步是阐明威胁。

我继续引申道:"不知道大家平时浏览社交页面,每天能记住多少品牌,又忘记多少品牌?大部分没有特征的品牌,最后都难逃被忘记的命运。我们作为设计师,肯定也希望能凭借自己的设计,让品牌的形象留在历史的长河中,这才是我们工作的意义。"

设计师们都很感动,会议结束后不到两天,他们就完成了模板的设计,还提供了三套方案给我选择。有了模板之后,客户果然减少了提出修改图片的次数,即使修改也只是对某些元素进行微调,大大提升了设计部的工作效率。

++

3. 管理工具箱:离开互补位置、人与角色分离、最小行动按钮

有的管理者会说,下属虽然理解了目标,但总是改不掉拖延的习惯怎么办?这里我想借用三个心理治疗上的概念,分别是:离开互补位置、人与角色分离、最小行动按钮。

(1)离开互补位置

知名心理学家李松蔚在著作《5%的改变》中提道:"家庭治疗有一种观点,认为有些特点看似是属于某一个人的,实际上却是多个人一起'帮助'他维持了这样的特点。典型的例子就是'懒':一个人的懒需要通过其他人的勤快来维持。"因此他提议,"要改变前者的行为,他们(指周围的人)需要先停下自己的反应,离开互补位置"。这个观点对管理者也有所启迪。

比如我认为某位下属缺乏自驱力,因此在他每次做 PPT 前,我都会列出详细的 PPT 框架,以防他停滞不前,但这样导致他完成任务越来越拖延,PPT 的质量也没有提高。一次偶然的机会,我需要出差给一位客户培训,途中临时接到了一个制作 PPT 的需求,这份 PPT 有 80 多页,但我在列车上无法列出框架,于是我硬着头皮把需求发给了这名下属,并说明如果当天无法完成可能会丢失客户。令我惊喜的是,在规定时间前 5 分钟,他把 PPT 交给了我,每一页都精心写了很多他的独到见解。这件事让我意识到离开互补位置的重要性,当管理者不再扮演"保姆"的角色,下属也会成长得更快。

（2）人与角色分离

《5%的改变》一书中还提道："人在不同环境下扮演不同的角色。角色不是人的全部，即便工作占据了生活的很大比例，也不能将职场角色与一个人混同……很多人的痛苦在于，他们把在角色中获得的反馈误认为'我是谁'。他们在职场中束手缚脚，难以发挥主动性，也许是害怕（因为角色中的挫折）证明'我不好'。"

这对管理者的启示是：指导者只是管理者众多角色中的一个，如果把所有的精力都用于指导下属，管理者就没办法去做其他重要的事。因此，管理者可以从一周内划分出部分时间用于指导下属，通过面对面会议快速解决问题，剩余的时间就用来做决策、协调、谈判等其他事宜，不再为下属担心。

（3）最小行动按钮

《5%的改变》一书中还提出："复杂的工作在启动之初，会让人因其'困难'望而却步。一个办法是把工作的第一步设计为一个简便、快速，又能对外界发出信号的动作……就按下了这个'按钮'。"

面对一些有挑战的工作，管理者也可以邀请下属按下"最小行动按钮"，帮助他迈出第一步。比如某位下属要去给客户进行一个演讲，但他产生了畏惧情绪，迟迟无法进行预演，管理者就可以邀请他当着自己的面，先读一遍自己的稿子，通过这个"最小行动按钮"帮他进入状态，从而克服对演讲的恐惧。

思考题

1. 由于客户对PPT的细节要求很高，你希望下属小张检查一下每一页的角标是否统一,但他却不以为然,你该如何提升他的动力?请结合"阐述优势、说明劣势、分析机会、阐明威胁"进行思考。

2. 你的下属小王总是很粗心,当你指出这个问题时,她表示:"反正你都会帮我检查的",你会如何帮助她改正这个毛病?请结合"离开互补位置"进行思考。

6.2 用策略管人:让客户痛点被看见

在团队成员理解了目标之后,下一步是告诉他们这件事需要怎么做更好,这就是"策略"。提起策略,很多管理者都抱怨连连,因为下属总是难以理解公司策略的变动。比如,某个公司要从传统的营销模式,转型成矩阵营销,要求每个人在固定时间段直播,下图是下属常见的几种反应:

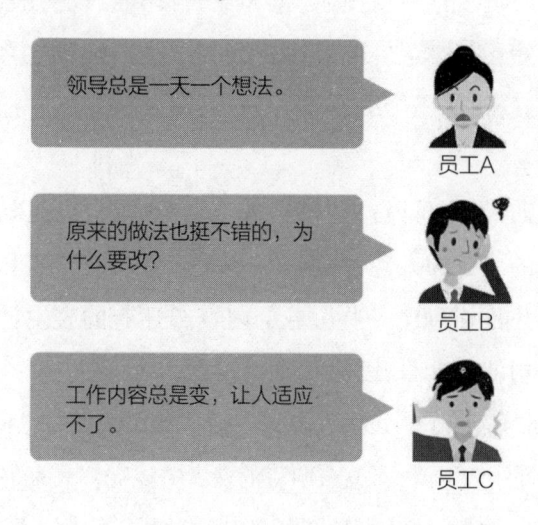

领导总是一天一个想法。
员工A

原来的做法也挺不错的,为什么要改?
员工B

工作内容总是变,让人适应不了。
员工C

不同员工对策略变动的反应

为什么让团队理解策略这么困难呢？因为很多管理者忽略了一个关键的问题。

1. 理解策略，关键在于理解消费者

团队之所以无法理解策略，是因为他们不清楚这个策略被制定出来的原因，也就是说这个策略是为了解决消费者的什么需求。比如我在广告公司时，公司经历了一次重要的策略转型，从原来市场部单一输出内容的模式，转向各部门一起共创内容，宣传公司的品牌形象。这就要求不少员工在本职工作之外，为公司撰写文章。一开始，大家对这个策略产生了抵触情绪，很多成员只是敷衍地提交文章给市场部，后者需要花大量的时间为其他部门重写文章，苦不堪言。

副总监发现了这一情况后，把大家召集到会议室，然后布置了一个非常简短的需求：在未来的三天里，大家不需要再写任何文章，只需要向身边的三个朋友推荐公司的公众号，然后把结果反馈给公司。

到了第四天，副总监邀请每个人上台分享，自己是如何介绍公司的公众号的。有的人说："就是一些关于公司的新闻和活动。"还有的人说："里面讲到了一些服务的内容。"还有的人说："我没有向朋友介绍公司的公众号，因为我觉得没什么可说的。"

这时，副总监说了一句耐人寻味的话："如果我们自己都说不清公司的公众号有什么价值，那怎么期待消费者关注呢？"大家陷入了深思。有一名成员说："那就该让市场部多产出一些吸引客户的内容呀。"

副总监回应："不知道大家平时购买商品，会怎么判断一个商品值不值得买？是看官网？还是看新闻稿？"有一个人轻声回答："看评价。"副总监说："没错，目前消费者的阅读习惯发生了变化，这也是我司以及其他越来越多的公司做策略转型的主要原因。比如客户部平时和客户接触多，手头一定有很多客户的评价，而销售部经常要与市场打交道，肯定很清楚潜在客户有什么疑虑，人事部每天和人才打交道，肯定会清楚公司的哪些价值是最被看重的。"

在那次会议后，越来越多的人主动参与到了内容共创的项目中，因为他们发现，如果公众号的内容是值得信服的，他们也会更容易和客户、潜在客户、人才打交道。因为理解了消费者的需求，所以策略也变得更加容易接受。

2. 让策略落地的四个步骤

让策略更容易被执行有以下四个步骤：

（1）阐述痛点

在一开始，管理者要跟团队清晰地说明消费者目前遇到的痛点是什么。比如消费者看传统的推广内容无法产生信赖度，就是一个痛点。管理者可以通过让消费者回忆自己生活体验的方式，激活对于客户痛点的认知。

（2）了解困难

随后，管理者还需要了解团队执行策略会遇到什么困难。因为每个新的策略，必然会带来一段时间的不适应，管理者需要挨个记录好这些困难，并给出合理的解决方案。

（3）获取承诺

在了解了困难之后，管理者需要给团队一些时间思考是否执行策略,对于最终同意的人,管理者需要获取他们执行策略的承诺,比如不会轻易退出项目、违反约定等,避免风险的产生。

(4)提供方便

最后,管理者还要尽可能为同意执行策略的人提供方便,包括提供建议的流程图、解答疑惑、协助解决突发情况等,让团队成员更信赖管理者。

请看下面这个案例。

案例

四个步骤,我让团队成员接受了新的营销方式

在智能营销公司期间,公司经历了一次业务转型,从主推面向微信等传统渠道的智能产品,到主推面向抖音等新渠道的产品。因此各部门的全民营销策略也发生了改变,从原来转发朋友圈的形式,到需要拍视频进行宣传,这在公司内部激起了反对的声音。大部分人认为,自己之前没有拍摄视频的经验,很难参与到任务的执行中来。

CEO派作为运营部负责人的我去进行各部门的沟通。我通过下面四个步骤说服了大部分的成员。

第一步是阐述痛点。

我先让大家体验了一下,如果一名用户要从微信端关注一个抖音账户,需要经历哪几个步骤。大家试了一下发现,由于跳转了平台,用户需要先保存账户的二维码,然后在抖音平台中进行扫描才能关注。甚至有几个成员因为找不到保存的图片,干脆放弃了

操作。于是我说道:"大家作为互联网公司的员工,都觉得这个步骤很麻烦,何况用户呢?"

第二步是了解困难。

在几名成员表达了认同后,我开始挨个询问大家在拍摄中遇到了什么困难。有的成员说:"不太清楚怎么加特效",也有的说:"自己从来没下载过抖音,不清楚怎么操作",我一一进行了记录。

第三步是获取承诺。

然后,我说了这样一句话:"现在大家已经知道用户会遇到什么痛点,也知道可能面临哪些困难,现在给大家十分钟左右做个决定,愿意参与抖音营销的在会议室留下来,其余的可以离开。"十分钟后,有三名成员离开了,我对剩余的成员说:"剩下来的都是愿意尝试的吧,那我就对大家提两个要求:第一,每周至少花十分钟拍一条视频;第二,如不是特殊情况,不要在一周内删除营销视频。"

第四步是提供方便。

在得到了大家的承诺之后,我主动提议,可以让运营部的成员拍摄三条剪辑教程,帮助大家快速上手,对于剪辑过程中遇到的问题,运营部也会在20分钟内进行回应。过了几天,剪辑教程出来了,大家都兴致勃勃地讨论自己学会的新特效,参与到营销视频的拍摄中,甚至还有人对剪辑微电影产生了兴趣,开始创作自己的作品。

3. 管理工具箱:情绪 ABC 理论

当新的策略遭受质疑,管理者可以如何安抚团队成员的情绪呢？这里推荐心理学上的一个概念：情绪ABC理论，帮助管理者更好地理解情绪产生的本质。

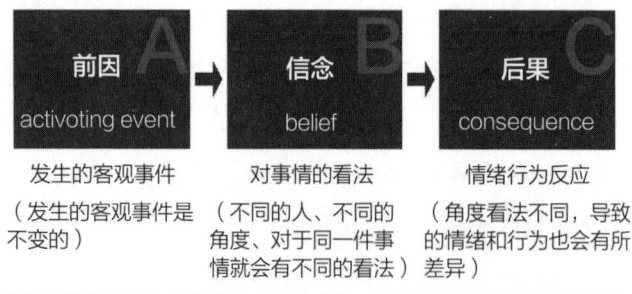

前因 activoting event	信念 belief	后果 consequence
发生的客观事件 （发生的客观事件是不变的）	对事情的看法 （不同的人、不同的角度、对于同一件事情就会有不同的看法）	情绪行为反应 （角度看法不同，导致的情绪和行为也会有所差异）

我们的情绪不是由于事情本身所造成的，而是对于事情的看法造成的。

情绪ABC理论

情绪ABC理论是由美国心理学家埃利斯创建的理论，是认为前因A（activating events）只是引发情绪和行为后果C（consequence）的间接原因，而引起C的直接原因则是个体对前因A的认知和评价而产生的信念B（belief），即人的消极情绪和行为障碍结果（C），不是由于某一前因A（A）直接引发的，而是由于经受这一事件的个体对它不正确的认知和评价所产生的错误信念（B）所直接引起。错误信念也称为非理性信念。

这个理论也可以运用到管理中。比如公司让大家拍摄抖音视频，大家比较抵触，这看起来是对"要拍视频"这件事产生的，但实际上是因为"公司的策略经常在变，一定是觉得大家太闲了""公司就想难为大家"等错误信念产生的，如果管理者能挖掘出大家的错误信念，由此产生的不合理情绪也会烟消云散。

管理者可以通过让大家"公开抱怨"的形式来挖掘错误信念。比如，在一周内的某段时间约一个会议，不邀请任何高层领导参与,让大家"吐槽"执行策略过程中遇到的种种困难,然后只做记录,不做当场回应。在会后,管理者可以通过分析的方式,先找到可能的不合理信念,然后与大家进行确认。比如:"大家之所以觉得完成任务很困难,是不是因为觉得这件事没必要干,还是其他的什么原因?"通过开放式提问的方式,最终了解到大家的困难所在。

思考题

1. 公司希望每位员工每周抽一段固定的时间进行直播,派身为管理者的你跟大家沟通,你会如何让尽可能多的人愿意参与?请结合"阐述痛点、了解困难、获取承诺、提供方便"进行思考。

扫码看视频

2. 公司的销售找管理者小高抱怨,自从公司使用系统化管理的策略后,所有的客户资源都被大家共享了,让她觉得很没有价值感,小高就可以如何安抚这名销售的情绪?请结合情绪 ABC 理论进行思考。

扫码看视频

6.3 用指标管人:让个体责任被看见

在明确了目标和策略之后,下一步就是开展具体的行动计划了,这时候管理者需要给团队定一些指标,方便任务的完成。很多管理者觉得指标就是在各环节设置数字,比如下图中的管理者就是这么做的。

被看见：新任管理者的第一课

> 每天必须跟100个客户打电话，和至少30个客户有深度接触，至少产生五个签约客户。

管理者

某管理者布置指标的方式

这么做的问题是：数字本身是一种硬性要求，但执行的过程具有灵活性，因此只用数字进行管理，可能会让下属失去积极性、无所适从。那么，应当如何正确地理解指标呢？

1. 布置指标的关键，是让下属承担责任

管理者之所以要制定指标，<u>是为了让下属完成有效的工作，承担相应的责任</u>。但数字未必是让下属明确责任的唯一方法，比如我在工作中就遇到过这样一件事：

有一回，我要为公司写一篇市场洞察的文章，就让我的一名下属帮忙收集网络上的洞察报告，但一天过去了，她只找到了三个报告，其中两个报告的质量都很低。为了促使她完成任务，我给她定了几条指标："从明天开始，每天浏览至少 50 篇报告，从中选择至少 30 个报告，并标记出五个重点报告。"

到了第二天下班，我这名下属果然按规定提交了报告，但我粗略地浏览了一下，发现其中 90% 的报告都是凑数的，根本无法使用。我向她了解原因，原来为了完成这个指标，她把所有的精力都花在满足报告的数量上，反而没有时间细细阅读报告。

我认为问题的关键，是她并不清楚什么样的报告是"可用"的。于是第三天，我花了 20 分钟的时间，告诉她用户会如何阅读报告，比如用户首先会阅读标题，判断这份报告的权威性，然后马上找和自己相关的部分,认真阅读。她马上就明白了,在一张 A4 纸上先列出了 50 个用户可能关心的问题,然后根据这些问题来找报告,果然效率提高了不少。到了下班前,她提供了十篇高质量的重点报告,超额完成了任务。

这件事让我产生了反思:布置指标的关键,是让下属理解自己所承担的责任,工作的质量比数量更重要。

2. 高效布置指标的方法

如果指标是无法避免的,管理者可以通过以下步骤来让指标布置更高效:

(1)定义可用标准

首先,管理者需要清晰地描述什么样的工作结果是可用的。比如在上述事例中,包含用户关心的问题的报告才是可用的,管理者可以用过亲身示范、提供参考等方式来定义可用标准。

(2)进行责任声明

随后,管理者需要对未能承担责任的后果进行声明。比如,下属如果无法在下班前找到五篇可用的报告,文章的推送进度可能会延缓,导致公众号的失信。

(3)针对结果反馈

最后,管理者要及时针对下属产出的结果进行反馈。在项目紧急的情况下,管理者可以通过在线文档即时查看下属的工作成果,一旦偏离方向就马上告知。

下面来看一个成功解决指标定义难题的案例。

被看见：新任管理者的第一课

📋 **案例**

及时修正指标，避免巨额预算亏空风险

在我担任运营部主管期间，公司接到了一个全民营销的项目，要求1 000名素人模仿某位明星的营销素材，拍摄一段营销视频，进行话题营销。由于项目紧急，CEO派了五位同事来协助我招募素人，由我来向合格的完成者发放预算。

同事们很快为我找来了1 000名素人，但在审核视频的过程中，我发现有不少素人并没有按照规定只拍了一条视频，而是一个人拍了50~60条视频，当我询问原因时，他们说："是那些同事告诉我们，只要拍视频就能领钱，你必须把钱给我们。"

由于生怕公司的声誉受到损失，我当场就向那几名素人支付了酬劳，但还有很多人未提交视频，如果他们也一个人提交多条视频，不但会遭遇限流风险，预算还可能面临严重超标。

于是我当机立断，通过三个步骤修正了指标。

第一步是定义可用标准。

我在创作者群里发布了一条紧急声明："经审核发现，有不少创作者一个人提交了多条视频，这会带来限流风险，严重的可能遭到话题封禁。为了保证项目顺利进行，现重新声明标准，只有仅拍摄一条视频，并且播放量达到500次，才可以领取报酬。"

这条消息一发出，群里立即炸了锅，很多人表示："其他创作者都能拍很多条，为什么我们不能？""太不讲信誉了！"

第二步是进行责任声明。

我回复："之所以定义了500播放量的要求，是因为一个正常

的账号自然发布的视频,可以达到这个播放量。定了这条规定,是为了保护大家的账号,因为如果大家持续发布低质量内容,账号可能会被限流,之后就再也无法接单了。如果有人还是坚持违反这条规定,管理者有权将其移出群聊。"发出这条消息后,群里的声音平息了下来。

第三步是针对结果反馈。

有几名创作者退出了群,剩余的创作者开始重新创作视频,我特意安排了一名下属,与创作者实时沟通,审核大家的视频,如有不符合规定的一律打回。如有创作者遇到了困难,这名员工也会及时进行帮助。

很快,剩余的创作者提交了视频,1 000人的指标最终也完成了。我通过及时修正指标,帮公司避免了预算超标风险。

---

3. 管理工具箱:GROW 模型

当员工的指标没有如期实现,向管理者求助,管理者应该如何回应?建议使用 GROW 模型解决。

GROW 模型是由艾伦·范恩和格雷厄姆·亚历山大以及约翰·惠特摩爵士共同开发,起源于教练技术,以帮助他人(如员工)厘清现状、减少干扰,找到对应的办法。

(1)明确目标(goal setting)

教练技术建议管理者不要立即询问员工的现状,而是<u>先通过提问的形式,了解员工对目标的认知程度</u>。这主要的目的是激发员工的内在动力,因为如果只是把指标强加给员工,员工很容易

GROW 模型

丧失信心。管理者可以问:"你对这个工作感兴趣吗?""如果感兴趣,你清楚这个工作要实现的目标是什么吗?""你觉得这个目标合理吗?"等,这样可以迅速了解员工对目标的理解情况,避免误解。

(2)了解现状(reality)

随后,管理者请员工自己描述一遍工作的完成现状。比如公司要求设计部在周末前完成六张海报的设计,但交稿时只完成了三张,设计师可能会这样描述:"因为设计部花了很多时间在素材的查找上,所以来不及了。"管理者可以进一步询问:"能描述下资料查找具体分为哪几个步骤,分别花了多久吗?"了解没有完成指标的真正原因。

(3)探索方案(options)

接着,管理者可以和员工一起探索行动方案。比如经过讨论发现,是设计师不熟悉图片相关的关键词导致进度延误,管理者可以问:"那你有什么建议的方案吗?"之所以这样做,是因为管理者建议的方案不一定是最适合某位员工的,管理者可以根据员工提供的方案进行反馈。

(4)开始行动(way forward)

在行动之前,管理者可以邀请该员工先总结一遍谈话的全过程,然后按照计划开始行动。管理者可以这样说:"能不能复述一遍你会如何完成这件事情,让我看看有没有问题。"避免员工的理解出现偏差。

思考题

1. 你要求下属在下班前给 30 名客户打电话,但快下班时,你发现他只是拨打了电话,然后在接通前挂断,你会如何与他沟通?请结合"定义可用标准、进行责任声明、针对结果反馈"进行思考。

2. 公司的策划小陶向你反馈,因为要确保 PPT 排版精美,她花了很多时间调整细节,导致方案的进度延误了,你会如何帮助她解决问题?请结合 GROW 模型进行思考。

6.4 用流程管人:让公司需求被看见

在顺利完成了目标、策略、指标的管理后,管理者还有最后一个任务,那就是建立一套系统化的流程,让同一件事可以持续做下去。但在制定流程的过程中常常会遇到这样一个问题:团队成员只了解自己的职责,不清楚其他人的工作内容,导致合作无法推进。比如下图中的情况。

被看见：新任管理者的第一课

> 我没法提供建议，因为我不熟悉运营场景，需要运营部先行梳理。
>
> ——产品经理

> 我不清楚产品的具体功能，因此不知道该从什么方面梳理。
>
> ——运营经理

> 我只能从业务角度提供一些建议，因为我既不了解产品也不了解运营。
>
> ——客户经理

不同部门相互推诿的情况

那么，管理者应当如何避免流程管理中的责任推诿呢？

1. 流程化来自对需求的理解

团队成员之所以可以在流程中发挥作用，是因为他们清楚公司各环节的需求，并理解自己在这个链条中扮演的是什么角色。

比如，产品经理需要了解客户部的需求，只有这样，他才能设计出符合市场期待的产品。举个例子，如果要设计一款门店管理工具，展现各门店销售排名，通常的思路是筛选出 top 5 或者 top 10 的门店进行展现。但在实际使用时会发现，门店排名的主要目的，是为了让不同大区进行竞争，所以更合理的方式是以先以大区进行排名，再展现细分门店的情况。

再比如，设计师需要了解策划部的需求，是因为只有这样，他才知道图片的哪个部分是展现的重点。同样是设计一张产品宣传图，用于新闻推广和朋友圈促销就完全不同，因为前者需要如实展现产品细节,弱化宣传文案,而后者需要突出宣传文案,方便读者了解具体机制。

那如何打造流程化的团队呢?除了在招聘时更注重候选者的综合能力外,更重要的是,通过几次深度合作,培养团队成员的复合能力。

2. 用"三一"法则建立流程

这里,我建议用"三一法则"对项目进行管理,即一个大纲,一次对谈,一页反馈。

(1)一个大纲

在会议前,邀请团队成员在大纲上写出各自的需求、资源,以及对于项目不清楚的地方。这样的好处是最大限度地共享信息,保证会议的重点不偏离。很多时候,我们不知道该向其他部门提出什么需求,是因为并不清楚他们掌握什么资源,而一个清晰的大纲,可以很好地提高需求的匹配度。

(2)一次对谈

管理者还需要通过一场真正的讨论,产出真正可以使用的作品。因为只有不同部门具体说出执行时会发生的痛点,提出的建议才有意义。有时,由于各部门时间不同步,管理者会想出"偷懒"的做法:让他们在云端协作,共同完成文档,但他们最终会发现,这和实时对谈的效果天差地别。

(3)一页反馈

在会议之后,需要安排一名成员将会议结果整理成一页左右的反馈,这样可以方便各部门了解自己的职责,以及接下来的工作计划。这个步骤不能省略，因为即使参加了会议，各部门依旧可能由于思维定式，更关注本部门的职责，而一份好的总结，可以帮助他们看清全局。

下面，请看一个案例。

案例

通过建立流程，顺利承接运营部遗留工作

在我从市场部负责人转型为运营部负责人后，接手了前任运营负责人的一个遗留项目：搭建一个4 000人的达人库。

那时CEO要求快速看到项目效果，但我观察到，之前的运营负责人对项目成员都是"放养"模式，导致他们并不清楚自己应该做什么就开始工作，自然看不到效果。

于是，我打算通过三一法则来为他们建立一个新的工作流程。

第一：一页大纲。

首先，我先邀请每位成员通过在线文档，写出自己目前的工作、难点，以及对项目不清楚的地方，这样的好处是了解成员之间有没有重复工作，为后续建立流程提供基础。看完他们的文档后，我发现了两个严重的问题：一是两名团队成员的工作内容都涉及招募和沟通，有时甚至会有人员的沟通重复；二是在招募达人方面，目前没有找到一个有效的渠道，大家都在边做边摸索。

第二：一次对谈。

然后，我邀请他们一起开了一个会，会上我让每个人都陈述了自己的工作内容，他们交谈后发现了重复的地方。于是，我为他们

重新梳理了流程:将项目的前五天定为渠道测试期,找到合适渠道再开始招募。项目的后十天,两个人进行分工,一个负责发布招募信息,审核达人资质,另一个负责达人入群后的沟通,包括任务的发放、培训通知等,建立一个高效的流程。

第三:一页反馈。

最后,我要求他们把会议上说到的流程整理成一页文档,包括每项工作的责任人以及截止日期,确保他们理解了新的分工。

最后,招募目标顺利完成了,CEO惊叹于团队工作的高效,但他不知道,流程才是我们的法宝。

3. 管理工具箱:强规则、强运营、强连接

在建立流程之后,如何让流程持续工作下去,主要要做好三个"强"。

(1)强规则

首先,管理者要明确流程中不能违反的规则有哪些。比如给创作者发放报酬的过程中需要审核三点:播放量是否达标、视频数量是否达标、账号质量是否达标。建议管理者将流程制作成下表的形式,方便规则的管理。

任务	播放量	视频数量	账号质量	整体审核结果
任务1	是/否通过	是/否通过	是/否通过	是/否通过
任务2	是/否通过	是/否通过	是/否通过	是/否通过

(2)强运营

在明确了规则后,管理者还可以通过日常的运营,提升流程工

作的质量。比如,公司规定每位成员要定期为公司提供营销材料,为了让团队成员产出更多材料,公司可以组织辩论赛和圆桌会谈,让每个人都有话可说。

(3)强连接

最后,管理者还要定期检查流程每个环节的连接情况。比如制作一张海报的过程,先由文案先产出文字内容,然后交由设计部进行设计,管理者就可以了解文案与设计的沟通有没有问题,保证流程运作顺畅。

思考题

1. 如果你是一名市场经理,正在制作设计官网,需要产品部和技术部配合你提供产品资料,但到了规定时间大家还未完成,你会如何处理?请结合"三一"法则进行思考。

2. 如果你的一名下属和设计师一起审核内容时,总是遗漏某些步骤,你会如何帮助问题的解决?请结合"强规则、强运营、强链接"进行思考。